資質・能力を育成する

小学校国語科

授業づくりと学習評価

菊池英慈　樺山敏郎
折川　司　髙木展郎　編著

明治図書

JN043584

はじめに

　皆さんは学習評価を行う際に，迷ったり悩んだりした経験はないでしょうか。例えば，評価規準のつくり方が分からない，どの場面で評価を行えばよいか迷っている，授業の中で評価を行うのがなかなか難しいなど，様々な問題が挙げられています。

　学習評価は，児童自身が自分は何ができ，何が不十分なのか，次にどのような学習をすれば現在抱えている課題が解決できるかなどを理解するとともに，今行っている学習を振り返り，次に行う学習に意欲をもって取り組めるようにするために行われるものです。また，学習評価は児童が何をどのように身に付けているのか，どのような点でつまずき，困難を感じているのかを知り，それを解決・改善するために教師はどのような指導をしていけばよいのかを明らかにするものです。したがって，学習評価は児童のための評価であるとともに，教師が進める授業自体の評価でもあります。

　平成29年3月に告示された小学校学習指導要領では，各教科等の目標及び内容が，育成を目指す資質・能力の三つの柱（「知識及び技能」，「思考力，判断力，表現力等」，「学びに向かう力，人間性等」）で再整理され，各教科等でどのような資質・能力の育成を目指すのかが明確になりました。このことによって，児童にどのような力が身に付いたかという学習の成果を的確に捉え，教師が主体的・対話的で深い学びの視点から授業改善を図る，いわゆる「指導と評価の一体化」が実現しやすくなることが期待されています。「指導と評価の一体化」という文言が示しているように，学習評価を考えることは学習指導を考えることであり，まさに一体となって進めていくものです。主体的・対話的で深い学びの視点からの授業改善に当たっては，この「指導と評価の一体化」の実現が極めて重要になります。

　学習評価に関する国の動きとしては，平成31年1月に中央教育審議会　初等中等教育分科会教育課程部会において，「児童生徒の学習評価の在り方について（報告）」が取りまとめられたことを受け，同3月に「小学校，中学校，高等学校及び特別支援学校等における児童生徒の学習評価及び指導要録の改善等について（通知）」で，学習指導要領の下での学習評価の基本的な考え方が示されました。また，令和元年6月には，国立教育政策研究所教育課程研究センターから「学習評価の在り方ハンドブック（小・中学校編）」が，令和2年3月には「『指導と評価の一体化』のための学習評価に関する参考資料」が示されました。

　このような国の動向や学校現場の実態等を踏まえ，本書では今回の学習指導要領の改訂に基づき，育成する資質・能力を踏まえた国語科の授業づくりと，単元を通して育成する資質・能力が，いつ，どのように育成されたかを明確にした「指導と評価の一体化」を目指した学習評

価の在り方を提案します。

　Chapter1では，平成29年改訂の学習指導要領が求める資質・能力についての理論的な背景を踏まえつつ，小学校国語科における授業づくりと学習評価の方向性について解説しました。平成29年改訂では，これまでの学習指導要領の内容が示してきたコンテンツ・ベース（知識・技能の内容の習得）と，コンピテンシー・ベース（習得した知識及び技能を使って，思考力，判断力，表現力等を育成すること）の資質・能力を両輪で育成していくことが大切です。また，学習評価は児童の学習改善，教師の指導改善につなげていくことが大切です。学習評価の基本的な考え方について，先生方が共通理解するツールとして，お役に立てていただければと思います。

　Chapter2では，学習評価について先生方が疑問に思っていることや日頃悩んでいることを，「キーワードでみる学習評価のポイントQ＆A」としてまとめました。若い先生方にとっては，学習評価について分からないことや戸惑うことがあって当然です。また，先生方の中には，学習評価についてピンポイントで知りたいと思っていらっしゃる方もいるでしょう。そのような先生方の声に応えるべく，学習評価がどのように変わったのか，毎時間評価しなくてもよいのか，評価規準と評価基準の違いは何なのか，振り返りはどのようにしたらよいかなどについて，ていねいに解説しています。

　Chapter3では，Chapter1，2の理論に基づき，小学校国語で育成すべき資質・能力を年間等の見通した中で，意図的・計画的に指導し評価する方向性を四つのステージに整理しています。ステージ1では「年間単元の指導と評価の重点一覧表」の立案，ステージ2では「年間単元の指導と評価の計画表」の立案，ステージ3では「単元の指導と評価の進め方の基本形」の把握，ステージ4では「年間（学期）における観点別学習状況の総括（評定）」について，どのような流れで日々の授業へ，そして学習評価の総括としての評定へつなげていくのかを解説します。

　Chapter4では，全国の優れた実践者の御協力をいただき，「Ａ　話すこと・聞くこと」，「Ｂ　書くこと」，「Ｃ　読むこと」の領域ごとの事例を掲載しました。事例の中には，単元のゴールとして目指す資質・能力や学習の流れを示した「学びのプラン」を示し，児童と教師が学習の見通しと振り返りの共有化が図れるように工夫しています。

　一人でも多くの先生方に本書をご覧いただくことで，指導と評価の一体化について理解が進み，児童の資質・能力に向けた授業改善の一助となることを願っています。

2021年10月　　　　　　　　　　　　　　　　　　　　　　　　　　　　菊池英慈

Contents

Chapter 2 キーワードでみる 学習評価のポイントQ&A

Chapter 4 事例でみる 小学校国語科の授業と学習評価

Chapter ①

資質・能力を育成する
小学校国語科の
授業づくりと学習評価

1 学習指導要領が求める資質・能力

1 平成29年改訂学習指導要領が求める資質・能力

① 戦後日本の教育が求めた学力と，その転換の意味

平成29年改訂学習指導要領（以下「平成29年改訂」という。）は，それまで各教科の特性・特質を元に作成した内容を，これからの時代に生きる子供たちに向けて必要な資質・能力の育成に向けたものに大きく転換しました。

アジア太平洋戦争敗戦（1945年）後，昭和22（1947）年の教育三法「日本国憲法」，「教育基本法」，「学校教育法」が制定され，戦後教育が今日まで70余年経過しています。敗戦後の焼け跡から始まり，昭和30（1955）年代から40（1965）年代の高度経済成長を通し，昭和50（1975）年代にはGDPがアメリカ合衆国に次いで世界第2位となり，飛躍的な発展をしました。日本の高度経済成長は，世界の中でも注目を集め，世界の経済や産業の発展の最先端を担っていたのです。平成期（1990年代）に入りバブル経済崩壊後30余年，日本経済は衰退し回復を見ることなく，現在まで至っているとも言えましょう。例えば，かろうじて自動車産業は世界的な企業として今日も存在していますが，半導体の生産や鉄鋼業，電化製品等，それまで世界の産業界を牽引してきた産業そのものが今日衰退していることにも認められます。

日本の経済産業の世界的な地盤の低下は，高度経済成長期に確立したとも言える大学入学試験を頂点とした戦後の日本の学校教育を見直す機会にもなっていると言えましょう。

高度経済成長期の学校教育に求められた学力は，社会生活参画に当たって基盤となる知識・技能の獲得と習熟であり，その習得量と再生の正確性とをペーパーテストによって量的に測定する，ある意味での公平性によって担保されていました。いわゆる受験学力として，いい高校，いい大学に入学すれば，終身雇用制度の中で，生涯が保障される制度でした。しかし，今日，例えば，必要とされる知識は覚えなくてもIOT（Internet of Things）によって，簡単に調べたり知ったりすることができる時代となってきています。いわゆる受験学力は，生涯にわたっての学力（資質・能力）として通用しない時代を迎えようとしているのです。

この時代が大きく転換するのに合わせ，学校教育において育成すべき学力（資質・能力）観の転換を図ろうとしたのが，平成19年6月の学校教育法の改正です。学力観の転換は，いわゆる受験学力の育成ではなく，生涯にわたって学び続けるためのものであり，学校教育においてその基盤となる学力の育成を図ろうとしているのです。

改正学校教育法第30条第2項で，日本の戦後教育で初めて学力の定義がされました。

> 2 前項の場合においては，生涯にわたり学習する基盤が培われるよう，基礎的な知識及び技能を習得させるとともに，これらを活用して課題を解決するために必要な思考力，判断力，表現力その他の能力をはぐくみ，主体的に学習に取り組む態度を養うことに，特に意を用いなければならない。

　上記において，学力を「知識及び技能」，「思考力，判断力，表現力等」，「主体的に学習に取り組む態度」を，学力の重要な3要素と定義したのです。

②　平成29年改訂が求める資質・能力

　戦後70余年が経過しました。科学技術の進歩・発展や経済的な環境も大きく変わる中で，戦後の日本の教育が果たしてきた機能そのものを再構築しなければ，日本の未来を創ることはできない状況になっているのです。戦後の日本の学校教育は，日本の高度経済成長を支え発展の源になったことは，高く評価できましょう。しかし，これまで機能してきた教育が今日的な状況には，通用しなくなってきていることに気付かなければなりません。

　日本の産業構造は，先進諸国が開発したものをよりよくする遺伝子をもっていると言えましょう。例えば，2丁の鉄砲が1543年に日本の種子島に伝来し，それを近江長浜の国友鉄砲鍛冶や堺の刀鍛冶などが改良工夫して，1575年の長篠の戦では約1000丁の国産の鉄砲を織田信長が使用しました。この間約30年，日本の改良技術の質の高さがうかがえます。今日でも昭和のトランジスタラジオが象徴するように，開発された製品を改良することに，日本の技術は，優れています。しかし，新たな製品を独自に開発することは弱いのではないでしょうか。

　これからの時代，日本独自の他にはない製品や物作り，創造的な開発が行われなければ，第一次資源の少ない日本が衰退することは自明かもしれません。

　教育は，未来を創る，と言われます。

　戦後の日本の学校教育は優れていたと言えましょう。しかし，時代は変化し，社会状況は大きく変化しています。そこで，今，日本の教育の大きな転換を図ることが求められているのです。平成29年改訂により，これまでの日本の学校教育のよさを継承しつつ，新たな日本の学校教育の再構築を図ろうとしているのです。

　平成20年改訂では，平成19年の学校教育法の改定に基づき，学力観の転換を図っています。さらに，平成29年改訂では，学習指導要領が育成を目指す資質・能力の三つの柱を明確にし，右の図1のように示しています。

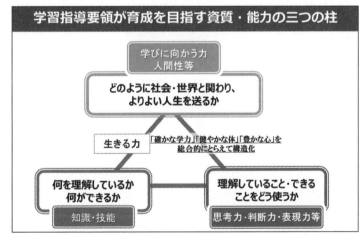

図1

2　コンテンツ・ベースとコンピテンシー・ベースの資質・能力の育成

　平成29年改訂の源流は，平成12（2000）年に実施したOECDの国際的な学習到達度調査のPISA（Programme for International Student Assessment）によります。この調査では，読解

リテラシー，数学的リテラシー，科学的リテラシーについて，2000年から3年ごとに調査が行われているものです。読解リテラシーは，日本では「読解力」と翻訳され，国語科における読解力とは異なります。読解リテラシーの問題において日本の子供たちの解答は，選択肢への解答はするものの，自由記述や思考力の問題に対して無答が多く，そこに課題があることが調査開始以降，今日まで継続的に指摘されています。

平成29年改訂では，コンテンツ・ベース（知識・技能の内容の習得）を中心としたこれまでの学習指導要領の内容を継続するとともに，コンピテンシー・ベース（習得した知識及び技能を使って，思考力，判断力，表現力等を育成すること）の資質・能力の育成を図ることを求めているのが，改訂の特徴であり大きな転換となります。

平成29年改訂第2章第1節国語では，「第1　目標」が次のような構成になっています。

言葉による見方・考え方を働かせ，言語活動を通して，国語で正確に理解し適切に表現する資質・能力を次のとおり育成することを目指す。

(1)　日常生活に必要な国語について，その特質を理解し適切に使うことができるようにする。

(2)　日常生活における人との関わりの中で伝え合う力を高め，思考力や想像力を養う。

(3)　言葉がもつよさを認識するとともに，言語感覚を養い，国語の大切さを自覚し，国語を尊重してその能力の向上を図る態度を養う。

上記の目標の次に示されている(1)は，〔知識及び技能〕。(2)は，〔思考力，判断力，表現力等〕。(3)は，「学びに向かう力，人間性等」であり，(1)がコンテンツ・ベース。(2)がコンピテンシー・ベース。(3)は，OECDがThe OECD Learning Framework 2030に示しているWell-being（個人的・社会的により良く幸せに生きること）に相当すると言えましょう。

今日，コンピテンシー・ベースの資質・能力の育成を図ることに重心が置かれると指摘されることが多くありますが，平成29年改訂では，コンテンツ・ベースとしての〔知識及び技能〕も育成を図ることが示されており，単元で育成すべき資質・能力の育成に向けて，コンテンツ・ベースの資質・能力とコンピテンシー・ベースの資質・能力の育成に向けたバランスを，各単元の授業において，いかに図るかが重要であり課題でもあります。

コンピテンシー・ベースの資質・能力の育成を図るには，コンテンツ・ベースの内容も重要であり，その資質・能力の育成抜きには，コンピテンシー・ベースの資質・能力の育成を図ることは，難しいと言えましょう。平成29年改訂では，コンテンツ・ベースとコンピテンシー・ベースの資質・能力の育成に向けて，そのバランスを図りつつ，単元の授業を通して育成を図ることを求めているのです。

3　「何を学ぶか」，「どのように学ぶか」，「何ができるようになるか」

平成29年改訂の学習指導要領の構造は，次に示す図2に示されている内容です。

次頁の図2の中の「何を学ぶか」は，学習指導要領に示されている「内容」を対象としてい

ます。学習指導要領は，当該学年で育成すべき資質・能力の「内容」を示しており，全国の地域とそこに設置されている全ての小学校において，育成を図らなくてはならない学習内容が示されているのです。そして，その実現を図ることが児童への教育の機会均等を保障することになります。

図2

　「どのように学ぶか」では，学習指導要領に示された「内容」の学び方が問われています。授業改善としてアクティブ・ラーニングが一時流行し，グループ学習さえすればそれがアクティブ・ラーニングだとする風潮もありました。アクティブ（Active）とは「能動的」という意味であり，単なる授業の形式ではありません。そこで，形式としての授業改善の視点ではない「主体的・対話的で深い学び」が示されたのです。「主体的・対話的で深い学び」は，教師主導のいわゆる「トーク＆チョーク＆ワークシート」の授業からの転換を求める理念でもあります。

　「何ができるようになるか」は，「よりよい学校教育を通じてよりよい社会を創るという目標を共有し，社会と連携・協働しながら，未来の創り手となるために必要な資質・能力を育む」という，学校教育で育成する資質・能力の全体像が示され，その実現を，学習指導要領に示されている目標と内容とによって育成を図る構造となっています。

　これまでの学習指導要領は，各教科等で学習する内容が示されているのみで，学校教育全体を通して子供たちを何のために，どのように学ばせ，それが，学習の成果としてどのような資質・能力の育成を図るか，何ができるようになるか，というものではありませんでした。

　平成29年改訂では，各教科の資質・能力の育成を通して，学校教育全体で資質・能力の育成を図ろうとしていることから，これまでの学習指導要領と，その構造が基本的に異なります。この構造の変化は，明治以降，各教科の学習として独立してそれぞれの教科の学習が行われてきたことに対し，各教科のみの学習だけではなく，教科等横断的な資質・能力としての汎用的な資質・能力の育成を図る重要性が，多様化した時代の中で生じてきたためでもあります。

　教科の枠や内容にとらわれることのない各教科を横断した汎用的な資質・能力は，これまでの教科学習の枠を超える資質・能力の育成を図ることが可能となります。ただ，留意すべきは，各教科の内容やテーマで同じもの，例えば，国語で環境問題の文章を読み，社会で地理的環境・

自然環境，理科で環境との関わりを考える，といった，関連した単なるテーマを結び付けることや年間単元配列表を作成することが，教科等横断的な学習ではないことを確認しておきます。

2 小学校国語科で育成すべき資質・能力

1 育成すべき資質・能力とは

① 学習指導要領が示すもの

「学力」については，学校教育法第30条第2項で定義され，学校教育を通してその育成を図ることが求められています。学校教育に閉ざされたものだけでなく，生涯にわたって必要とされるのが「資質・能力」です。学校教育において学んだことだけでなく，児童が生涯にわたって必要とされる資質・能力の基礎・基本が，学習指導要領に示されています。

学習指導要領には，児童が学校教育を通して育成する「資質・能力」が示されており，その内容を当該学年で育成することが求められています。義務教育を受ける児童が，日本中，どこにいても学習指導要領の内容に沿った授業が行われることにより，教育の機会均等を保障することになります。

平成29年改訂国語は，「第1 目標」として，次のように示されています。

> 言葉による見方・考え方を働かせ，言語活動を通して，国語で正確に理解し適切に表現する資質・能力を次のとおり育成することを目指す。
> (1) 日常生活に必要な国語について，その特質を理解し適切に使うことができるようにする。
> (2) 日常生活における人との関わりの中で伝え合う力を高め，思考力や想像力を養う。
> (3) 言葉がもつよさを認識するとともに，言語感覚を養い，国語の大切さを自覚し，国語を尊重してその能力の向上を図る態度を養う。

平成29年改訂国語が平成20年改訂国語と異なるのは，教科目標のみではなく，(1)に〔知識及び技能〕，(2)に〔思考力，判断力，表現力等〕，(3)に「学びに向かう力，人間性等」で育成すべき資質・能力の内容が示されていることです。平成29年改訂では，コンテンツ・ベースとコンピテンシー・ベースの資質・能力を明確にして，その育成を図ることを目標にしていることが重要となります。

さらに，〔第1学年及び第2学年〕，〔第3学年及び第4学年〕，〔第5学年及び第6学年〕の目標においても，それぞれの学年に応じた資質・能力として(1)(2)(3)が示されています。

② 国語としての資質・能力を育成するために

平成20年改訂国語では，育成すべき資質・能力の対象となる学習評価の観点は，「国語への関心・意欲・態度」，「話す・聞く能力」，「書く能力」，「読む能力」，「言語についての知識・理解・技能」の5観点でした。

平成29年改訂国語では，「知識・技能」，「思考・判断・表現」，「主体的に学習に取り組む態

度」の3観点になりました。この観点の改訂は，それまでの活動領域を対象としていた学習評価から，資質・能力を対象とした国語の学習評価の大きな転換となっています。

　言語活動は，平成20年改訂では「2　内容」に位置付けられ，具体的な言語活動例を示し，その趣旨をより一層明確にしました。そのため「各教科等における言語活動の充実」を図ることが全国的に広まり，小学校国語科においては，言語活動を行うこと自体が目的化され，国語としての資質・能力の育成を図ることがおろそかにされる事例が認められる状況も出現しました。

　平成29年改訂国語では，言語活動の位置付けの再確認が行われ，目標において「言語活動を通して」国語としての資質・能力の育成を図ることが求められています。これにより，言語活動そのものを国語としての資質・能力の育成の対象とするのではなく，言語活動を通して国語の資質・能力としての〔思考力，判断力，表現力等〕の育成を図るために行う活動であることが，明示化されました。

　言語活動は，学習指導要領国語の「2　内容」の学力の重要な三つの要素の中の一つとしての〔思考力，判断力，表現力等〕の資質・能力の育成に向け，「話すこと・聞くこと」，「書くこと」，「読むこと」の各領域の活動として重要です。学習指導要領「2　内容」の〔思考力，判断力，表現力等〕の指導「事項」の(2)で，言語活動例の具体が示されています。

　これまで，国語の資質・能力は，授業で用いる教材を通して，育成が図られてきました。「教材で教える」と「教材を教える」という言葉がありますが，教材の内容を学ぶのではなく，学習指導要領の指導「事項」に示された資質・能力の育成を図るには，「教材で教える」ことが求められます。現状は，どうでしょうか。「教材を教え」ては，いないでしょうか。

　学校を卒業した後，国語の授業で「何ができるようになったか」を問われたとき，どのような回答がされるでしょうか。例えば，小学校では「ごんぎつね」，「大造じいさんとガン」，中学校では「トロッコ」，「少年の日の思い出」，高等学校では「羅生門」，「こゝろ」等，物語や文学作品の教材名を挙げることが多いのではないでしょうか。そこでは，どのような資質・能力が育成されたかを語られることはありません。授業として話したり聞いたり，書いたり，読んだりすることを通し，どのような国語の資質・能力を身に付いたかを明確には答えられないのです。

　日常生活の中で，言語活動として話す・聞く・書く・読むは，日々行われています。そこで行われる言語についての資質・能力は，どのようにして一人一人に身に付けることができるのでしょうか。国語の授業を行うことの目的は，ここにあるのではないでしょうか。そこで，日々用いている言葉を意識化・対象化することにより，言葉に対する認識を深めることが，重要となります。それが「言葉による見方・考え方を働かせる」ことです。

　「言葉による見方・考え方を働かせるとは，児童が学習の中で，対象と言葉，言葉と言葉との関係を，言葉の意味，働き，使い方等に着目して捉えたり問い直したりして，言葉への自覚を高めること」（国語解説 p.12）と定義しています。それを，言語活動を通して，国語の資質・能力として育成を図ることが，今，国語の授業として求められているのです。

2 資質・能力を育成するカリキュラム・マネジメント
① 教科書カリキュラムからの転換

　教科書は正式には「教科用図書」といい，学校で教科を教える中心的な教材として使われる児童用の図書のことです。学校教育における教科書の重要性を踏まえ，原則として学校では文部科学大臣の検定を経て，それに合格した教科書を使用しなければならないとされているため，全ての小学校において教科書は用いられています。

　国語の授業でも教科書を用い，教科書に掲載されている目次の順に従って授業が行われます。教科書を用いなければならないことは言うまでもありません。しかし，教科書を各学校の児童の実態に合った用い方がされているでしょうか。地域の実情や各学校の児童の実態に即した授業を行うために，教科書への見方・考え方のパラダイムシフトを図る必要性が生じています。

　教科書は，全国的な視野と視点で作成されます。そのことは逆に，各小学校が置かれている実情や実態に即して作られていないとも言えます。本来は，教科書を基に，各小学校の実情や実態に即して教育課程を編成し，その実施を図ることを各学校には求められています。しかし，現実は，小学校の先生方は，全ての教科の授業を一人で行うことが多く，教科書を用いつつも，学校独自の教育課程の編成をすることは，現実的には不可能と言えましょう。

　現状を肯定してしまえば，これからも教科書の目次や教科書会社が立てた年間計画によって，日本中の学校がほぼ同じ時期に，同じ教材を用いて授業を行うことになります。地域や学校の置かれている地域の実情や学校が置かれている状況によって，子供たちに行う授業は，異なることは自明です。学校の主語を子供においたとき，少なくとも，各学校における児童の実態に合った教育課程の編成を行うことが求められます。

　国語の教科書は，「A　話すこと・聞くこと」，「B　書くこと」においては具体的な活動，「C　読むこと」では読む対象としての素材文が，それぞれ言語の教材として掲載されています。学習指導要領「第3　指導計画の作成と内容の取扱い」に示されている各領域の配当時数によって，年間指導時数を割り出し，各教材の指導時数の具体を示しています。教材配列の順番は学習指導要領には示されていません。教材の配列と指導時数が，各教科書の特徴となります。

　教科書の目次に従って年間の授業を展開すると，教科書会社の作成した一般的な教育課程の編成となり，各学校の児童の実態と合わないものも出てくるのではないでしょうか。

　授業は，一般的な教育課程の編成を参考にしつつも，自校の児童の実態から教育課程を編成することが重要となります。児童の実態や状況の中で，1回の授業で資質・能力の育成が十分でないときは，同じ資質・能力の育成を再度，繰り返して行うことも求められます。教科書の目次に従った授業では，指導「事項」の繰り返しの授業は，想定されていないのです。

　資質・能力の育成を繰り返すための授業では，学習指導要領に示されている「2　内容」の指導「事項」の全体を繰り返す場合もあります。また，同じ教材を再度取り上げる場合もあります。同じ年度の中では，同じ教材を指導「事項」を分けて，繰り返し指導することもできるのです。

例えば，小学校5・6年生の「読むこと」の説明的な文章を，年度の中で同じ教材を用いて，

　ア　事実と感想，意見などとの関係を叙述を基に押さえ，文章全体の構成を捉えて要旨を
　　　把握すること

　オ　文章を読んで理解したことに基づいて，自分の考えをまとめること

学習指導要領に示されている上記の指導「事項」を，

　　1学期は「事実と感想，意見などとの関係を叙述を基に押さえ」る

　　2学期は「文章全体の構成を捉えて要旨を把握する」

　　3学期は「理解したことに基づいて，自分の考えをまとめる」

ことを行います。

　同じ教材を1年間，学期をまたいで繰り返し読むことになります。繰り返すことにより，教材の内容の理解も広がったり深まったりすることが可能となります。一度読んでも内容を理解できない児童が，年間で3回繰り返して読むことにより，理解が深まることもあります。

　国語科における教育課程の編成は，学習指導要領の編成が〔第1学年及び第2学年〕，〔第3学年及び第4学年〕，〔第5学年及び第6学年〕となっているため，教科書は1学年ごとに分かれていますが，2学年を通して育成する資質・能力として，各学校の児童の実態に合ったものを教育課程として編成することにより，その学校の実態に合う国語の授業が行えるようになります。教科書カリキュラムからの転換の意味は，ここにあるのです。

②　各学校の児童の実態に基づいたカリキュラム・マネジメント

　教科書の教育課程に沿った国語の授業の限界は，見えています。未来を生きる子供たちに，次代が求める資質・能力の育成を図ることが，これからの学校教育の重要な課題であります。その方向性と内容は，平成29年改訂に示されています。

　各学校の児童の実態が異なることから授業づくりを考えることが重要となります。教育の機会均等を保障するために，学習指導要領に育成すべき資質・能力の内容が示されているのです。学習指導要領を基に，それぞれの学校の児童の実態に合った教育課程の編成が求められます。国語の学習指導要領「第3　指導計画の作成と内容の取扱い」に示されている各領域の配当時数の幅は，各学校の児童の実態に合わせた指導を行うことを可能とするものです。

　小学校は，教師が担当する学年の1年間を対象として教育課程の編成をすることが多くあります。子供たちは原則，通学している学校で6年間学びます。今年度当該学年を担当した教師は，次年度その学級を担当しないことや転勤することもあります。それゆえ，子供を主語として子供が通学している小学校の6年間で，「何を学ぶか」，「どのように学ぶか」，「何ができるようになるか」を学校全体として，意識して教育課程の編成を行うことが求められるのです。

　それが，各学校の児童の実態に基づいたカリキュラム・マネジメントとなります。

　各学校の児童の実態に即したものは，学校としての学びの系統性が保障されなければなりません。中学校での国語の授業を見通し，小学校の授業でどのような資質・能力を育成しな

ければならないか，その合意形成を学校の全職員で共有することが求められます。そのために
も，学校全体で資質・能力をどのように育成するか，小学校６年間を通した教育課程の内容を
教師が確認できることが重要となります。

3 国語科における「主体的・対話的で深い学び」の授業づくり

1 子供を主語にした授業づくり

① 子供の「分からない」を大切にした授業

学校の主語は，子供です。

これまで日本の学校教育における授業の中心には，教師がいたのではないでしょうか。その
典型が，教師の発問や説明や指示によって行われてきた授業に認められます。子供を主語とし
た授業とは，教師の目線からの授業ではなく，子供の目線から授業を考えることにあります。

学習指導要領には，各学年において育成すべき資質・能力が示されています。当該学年にお
いて授業を通して子供たちは，資質・能力を身に付けます。授業をつくるのは教師であり，子
供は授業をつくれません。子供を主語にした授業づくりは，教師の授業への考え方やスタンス
が問われているのです。

授業における教師の発問や説明や指示は，子供たちに学習内容の習得と理解を促すためのも
のとして行われてきました。教師が求める答えへの誘導になってしまうと，子供が教師に合わ
せた授業となってしまいます。そのような授業では，子供が受け身になってしまいます。

授業では，子供が能動的に授業の課題や問いを，自ら考えることが重要です。授業の初めか
ら内容を理解できているのなら，学ぶ必要はあまりありません。できないことや分からないこ
とがあるからこそ，できるようになる，分かるようになる，ために学ぶということに気付きた
いと考えます。

授業の初めに教師が子供に問いかける言葉は，「分かる人」ではなく，「分からない人」，「困
っている人」でなければならない理由は，ここにあります。

授業は，子供の資質・能力をより高次に導くことに向け，意図的・計画的に行われます。そ
こでのプロセスが重要であり，できないことや分からないことが，できたり分かったりするた
めに行われるのです。授業の初めから分かっている子供のみを対象にすると，分からない子供
はいつまでたっても分からないままになります。そのような授業から学力格差が生じるのです。

分からないことを教室の友達と考えることにより，それぞれの子供が，それぞれに理解をす
ることが重要となります。分かることに対して時間のかかる子供もいれば，短い時間ですぐに
理解することができる子供もいます。一つの教室で学ぶことは，一人一人の理解度の違いの合
意形成を子供同士で図ることにより理解の広がりと深まりを共有することが可能となります。

理解の広がりと深まりを子供同士で共有するには，分かった子供が分からないと言っている
子供に「説明」をすることが重要です。本当に分かっていれば，分からない子供に分かるよう

に説明することができます。分かったと言った子供が分からないと言っている子供に説明をしたとき，分からない子がその説明を聞いても分からなければ，分かったと言った子供は，真には分かっていないことになるのです。

国語の教科目標に示されている「言語活動」は，記録・要約・説明・論述・話合いです。「説明」という言語活動を通して，分からないことが分かるようになることが，資質・能力の育成を図ることになり，そのプロセスが授業には求められているのです。

② 「聴いて　考えて　つなげる」授業の意味

平成29年改訂では，コンテンツ・ベースとコンピテンシー・ベースの資質・能力の育成を共に図ることを目指しています。国語の教科構造でも〔知識及び技能〕と，〔思考力，判断力，表現力等〕に分けられ，〔思考力，判断力，表現力等〕の指導「事項」では，「A　話すこと・聞くこと」，「B　書くこと」，「C　読むこと」の各領域の中で，資質・能力の育成することが示されています。〔思考力，判断力，表現力等〕の育成を図るためには，授業を通して「どのように学ぶか」かが重要です。その具体が「聴いて　考えて　つなげる」（図3）授業です。

「聴いて　考えて　つなげる」授業は，2000年の OECD の PISA の読解リテラシー（Reading literacy）の育成を図るために開発した授業です[i]。

この授業のプロセスは，以下のものとなります。

1．相手の話に耳を傾け集中して聴き，自分の中に取り入れること

2．相手と意見を比べたり修正したりしながら，自分で考え・理解すること

3．自分の考えと理由をはっきりさせて説明・発表し，話し合いをつなげて発展させること

考えることは，その対象がなければ行うことはできません。授業では，学ぶ対象の提示は教師が行うことが一般的です。国語の授業で学ぶ対象は，これまでは教科書が主たるものでしたが，これからは各学校における教育課程の編成によるものが重要であることは，前述しました。

聴いて ➡	考えて ➡	つなげる
（受信）	（思考）	（発信）
情報を 探し出す	摂取し 熟考する	評価し 表出する
input	intake	output

図3

子供は，学ぶ対象を取り入れ，その内容を理解することから学習は始まります（input）。次に，取り入れた対象を自分の中で消化し，思考・判断します（intake）。そして，自己の内面で形成した考えを，他者にも理解できるように発信することになります（output）。

授業は，上記の一連の活動を，一人一人の子供が各単元の授業を対象として行います。教師があらかじめ結果を想定し，解を提示したり導いたりするのではなく，分かることに向けて授業のプロセスの中で試行錯誤を繰り返しながら，学級集団の中で自己相対化を図りつつ，自己理解と自己認識，自己表出を図る学びが，「聴いて　考えて　つなげる」授業です。授業を通してコンピテンシー・ベースの資質・能力の育成を図ることになります。

コンピテンシー・ベースの資質・能力の育成には，子供が自ら考える授業という環境の整備

が重要となります。教師の発問と説明と指示による授業から，子供の資質・能力の育成を図るに向けて，必然性のある「問い」づくりが，教師には求められます。そこでは，「問い」によって〔思考力，判断力，表現力等〕を育成することが課題となります。

2 「個別最適な学び」を目指す授業

「個別最適な学び」については，中央教育審議会「『令和の日本型学校教育』の構築を目指して〜全ての子供たちの可能性を引き出す，個別最適な学びと，協働的な学びの実現〜（答申）」（令和3年1月26日，p.18）に，

> 「指導の個別化」と「学習の個性化」を教師視点から整理した概念が「個に応じた指導」であり，この「個に応じた指導」を学習者視点から整理した概念が「個別最適な学び」である。

と定義されています。そこでは，多様な一人一人の子供が，自立した学び手として，生涯にわたり，学び続けていけるようになることを願っています。

教室には，学び手の数だけ学びがあります。一人一人の子供には，それぞれの個性と多様性のある学びが成立します。学校は，一人一人の学びを紡ぎ織りなすことにより，社会形成を図りつつ，未来に必要な資質・能力を育成する場として機能しなければなりません。

国語の授業は，多様な一人一人の読みが尊重される場でもあります。話すこと・聞くことや書くことにおいても，それは同様です。

「個別最適な学び」の成立は，国語の授業において行うことが可能であり，重要となります。

3 「主体的・対話的で深い学び」とは

「主体的・対話的で深い学び」は，授業改善の視点として示されていますが，この三つの視点は，それぞれ固有であるものの，学びの過程としては相互に影響し合うものであり，一体として実現されるものです。

そこで，単元や題材など内容や時間のまとまりを見通して，例えば，主体的に学習に取り組めるよう学習の見通しを立てたり学習したことを振り返ったりして自身の学びや変容を自覚できる場面をどこに設定するか，対話によって自分の考えなどを広げたり深めたりする場面をどこに設定するか，学びの深まりをつくりだすために，児童が考える場面と教師が教える場面をどのように組み立てるか，といった観点で授業改善を進めることが重要となります。

「主体的・対話的で深い学び」の実現に向けた授業改善を考えることは，単元の内容や時間のまとまりをどのように構成するかという授業デザインを考えることでもあります。

国語では，単元のまとまりの中で，子供たちの学びがこれら三つの視点を満たすものになっているか，それぞれの視点の内容と相互のバランスに配慮した授業づくりが求められます。

① 主体的な学び（個別最適な学び）

○ 子供一人一人が，自分のこれまでのコンテクスト（学びの文脈）と関連付けながら，興味をもって主体的に，見通しをもって粘り強く学びに取り組むこと。

○ 自分の学習活動を振り返って次につなげる「主体的な学び」が実現できているかを，リ

フレクション（自らの学びを再構成して，吟味し，意味付けること）すること。

○ リフレクションを通して，身に付いた資質・能力を自覚したり，共有したりすること。

<「主体的な学び」の具体>

子供たちが自覚的に「聴いて　考えて　つなげる」（input → intake → output）授業を行う。

(1) 子供たちが自分の立場に気付く・自覚する。

　　・「分からない」，「こまった」を大切にする。

　　・自分の立場，考えをはっきりさせる。

　　　　自分の考えをノート等に書きながら，広げる・深める。

(2) 「考え」たことを，自分の言葉で「説明する」ことを大切にする。

　　・言語活動（記録・要約・説明・論述・話合い）の充実を図る。

② 対話的な学び（協働的な学び）

○ 身の回りの様々な人との対話や読書等を通しての自己との対話，さらに文章を読むことにより書いた人との対話を通じて，自己の考えを広げ深める対話的な学びができること。

○ 身に付けた知識や技能を定着させるとともに，物事の多面的で深い理解に至るために，多様な表現を通じて教室の他者と対話し，思考を広げ深めること。

<「対話的な学び」の具体>

教室というコミュニティーの確立。

(1) 友達と関わろうとする。

　　発表や説明に対して，自分なりに反応し，反応を返す。

(2) 「あたたかな聴き方」，「やさしい話し方」を心掛ける。

　　相手のことを分かろうとして聴く・相手に分かってもらおうとして話す。

(3) 「教室は，間違えるところだ」，「分からない」，「こまった」は，宝の言葉。

　　間違えても笑われない「場」づくり・安心感のある「居場所」づくり。

③ 深い学び

コンテンツ・ベースとコンピテンシー・ベースの資質・能力の育成が共に生きて働く状態。

○ 「深い学び」とは，資質・能力としての「知識・技能，思考力・判断力・表現力等，学びに向かう力・人間性」が，子供たちの中に着実に育成されるような学びのこと。

○ 「主体的・対話的で深い学び」は，単元の授業において，「主体的・対話的」な学びを受けて「深い学び」が一体として実現される学びの過程です。したがって，「深い学び」だけを切り離し「深い学び」のみを取り出すことは，一体として実現される学びの過程としての「主体的・対話的で深い学び」の趣旨とは異なります。

○ 「深い学び」には，単元の授業を通して育成する資質・能力の内容が示されます。そのため，単元の学習の過程における学びが有効であるかを検証する視点ともなります。

---

i 授業づくりについては，髙木展郎『変わる学力，変える授業』（三省堂，2015年）を参照してください。

4 国語科における学習評価の方向性

1 喫緊の課題としての「学習評価の充実」

　中央教育審議会の「幼稚園，小学校，中学校，高等学校及び特別支援学校の学習指導要領等の改善及び必要な方策等について（答申）」（以下，平成28年答申）は，「『社会に開かれた教育課程』の実現を目指し，学習指導要領等が，学校，家庭，地域の関係者が幅広く共有し活用できる『学びの地図』としての役割を果たすことができるよう」にするために六つの枠組みの改善を求めています。その一つが「学習評価の充実」です。また，「小学校学習指導要領（平成29年告示）解説　総則編」においても，学習評価を

① 「何ができるようになるか」（育成を目指す資質・能力）
② 「何を学ぶか」（教科等を学ぶ意義と，教科等間・学校段階間のつながりを踏まえた教育課程の編成）
③ 「どのように学ぶか」（各教科等の指導計画の作成と実施，学習・指導の改善・充実）
④ 「子供一人一人の発達をどのように支援するか」（子供の発達を踏まえた指導）
⑤ 「何が身に付いたか」（学習評価の充実）
⑥ 「実施するために何が必要か」（学習指導要領等の理念を実現するために必要な方策）

充実させることの必要性が掲げられています。学習評価の充実は，新しい時代の学校教育において喫緊の課題となっています。

　しかし，国語科における学習評価は，これまでも丁寧に行われてきました。特に，小学校の先生方は多様な方法で子供たちの学習状況を評価してきていて，優れた実践の報告も数多くあります。そうであれば，そうした学習評価の単なる継続でよいのではないかと思ってしまう先生方もいることでしょう。

　実は，時代の変化に合わせて学習指導要領が改訂され，それに則して学習評価の考え方や行い方についても，軌道修正をしなければならない点，これまで以上に充実させなければならない点等が出てきました。もちろん，小学校の先生方がこれまでに蓄積してきた国語科の学習評価の経験を生かせる部分は少なくありません。しかし，認識を変えなければならない部分や新たに取り入れなければならない要素があるということです。

2 学習評価とは何か

　では，平成29年改訂のもとで，充実させていかなければならない「学習評価」とは，一体どのようなものなのでしょうか。平成28年答申には，学習評価の意義が次のように示されています。

　学習評価は，学校における教育活動に関し，子供たちの学習状況を評価するものである。「子供たちにどういった力が身に付いたか」という学習の成果を的確に捉え，教員が指導の改善を図るとともに，子供たち自身が自らの学びを振り返って次の学びに向かうことができ

るようにするためには，この学習評価の在り方が極めて重要であり，教育課程や学習・指導方法の改善と一貫性を持った形で改善を進めることが求められる。

　これとは一部文言が変わりますが，同様の記述は国立教育政策研究所による『学習評価の在り方ハンドブック』や『「指導と評価の一体化」のための学習評価に関する参考資料』にも見ることができます。この記述の冒頭からは，学習評価が「子供たちの学習状況を評価するもの」であるということが分かります。また，それに続く「学習の成果を的確に捉え」という部分と合わせると，学習評価は，学習指導によって子供たちの中にどのような資質・能力が育成されたのかを捉えていく営みであると整理できます。

　しかし，子供たち一人一人にどのような資質・能力が身に付いたのかということを的確に捉えたとしても，その結果を先生方がただ抱え込んでいる状態では学習評価の目的が十分に達成されているとは言えないようです。引用した記述の後半にあるように，教師が指導の改善を図ったり，子供たちが自身の学習を振り返って次の学習に向かったりする際に学習評価を活用できるようにしていくことが重要です。「○○さんは30点ですね」，「△△さんの評価はAだ」と判定し，子供たちのランク付けをすることが学習評価の目的ではありません。

　「児童生徒の学習評価の在り方について（報告）」（以下，平成31年報告）には，学習評価の改善の基本的な方向性が次のように示されています。

①児童生徒の学習改善につながるものにしていくこと，
②教師の指導改善につながるものにしていくこと，
③これまで慣行として行われてきたことでも，必要性・妥当性が認められないものは見直していくこと，

　これらは，平成28年答申にある学習評価の意義を受けたものとなっています。

　①と②は，学習評価を「児童生徒の学習改善」や「教師の指導改善」を図るためのものとして確実に機能させていくことを先生方に求めています。子供たち自身が自らの学習を省みて次の学びの一歩を踏み出したり，先生方がこの後の学習指導をどのように行うべきか，また子供たちの学びを更に深めるためにどのような指導を補うべき等を考え，実践したりする際に活用できる学習評価にしていきましょうということです。

　③は，今までに行ってきた学習評価の在り方を見直し，学習状況を把握するために適しているものに柔軟に変えていくということです。先に引用しました平成28年答申の記述の終盤にあった「教育課程や学習・指導方法の改善と一貫性を持った形」にするためのポイントだと言えます。資質・能力の育成に向けて①や②を確実に機能させるために，学習評価が，特定の時期や場面に偏ったり，ペーパーテストなどの特定の方法に終始したりすることなく，単元や題材など内容や時間のまとまりを見通しながら場面や方法を工夫して，学習の状況を評価していくことが必要です。

3 指導と評価の一体化

「教師の指導改善」は，学習指導に基づいて学習評価を行い，把握した子供たちの学習状況を生かして次の学習指導を生み出していくという過程です。このように学習指導と学習評価を連動させて，評価の結果を次の指導に生かしていくことを「指導と評価の一体化」と呼んでいます。

学習指導と学習評価は，国語科指導に関する PDCA の「D」と「C」に当たります。指導と評価が一体化することによって，Plan，Do，Check，Action の各要素が繋がり，循環を始めます。そうした循環は，「主体的・対話的で深い学び」を実現し，資質・能力を確実に育成していくための"国語科の"カリキュラム・マネジメントを機能させることになっていきます。

子供たちの学習状況を把握したことが起点となって，「資質・能力がまだ十分身に付いていないようなので，次の学期にも，別の教材を用いて同じ指導『事項』を指導しよう」や「この指導『事項』については十分指導できたから，年間指導計画を修正しよう」といった思考が引き出されるはずです。こうした「指導と評価の一体化」の実現が従来以上に重視されていることは，国立教育政策研究所による学習評価に関する参考資料のタイトルが，従前の『評価規準の作成，評価方法等の工夫改善のための参考資料』から『「指導と評価の一体化」のための学習評価に関する参考資料』に変更されたことからも窺うことができます。

また，平成28年答申には「学習評価については，子供の学びの評価にとどまらず，『カリキュラム・マネジメント』の中で，教育課程や学習・指導方法の評価と結び付け，子供たちの学びに関わる学習評価の改善を，さらに教育課程や学習・指導の改善に発展・展開させ，授業改善及び組織運営の改善に向けた学校教育全体のサイクルに位置付けていくことが必要である。」ともあります。つまり，国語科の学習指導や学習活動に留まらず，学校教育全体のカリキュラム・マネジメントの充実という点でも「指導と評価の一体化」の実現は重視されています。

5 目標に準拠した評価としての「観点別学習状況の評価」と「評定」

1 目標に準拠した評価

国語科の学習指導において拠り所となるのは，学習指導要領に示された教科の目標や内容です。国語科における学習評価は，こうした教科の目標や内容に照らして，その実現状況を見ていくものとなります。いわゆる「目標に準拠した評価」です。

国語科の目標，及び内容（つまり，〔知識及び技能〕，〔思考力，判断力，表現力等〕）に基づいて評価していくわけですから，言うまでもなく，教材内容の把握やその理解の程度を評価するのとは違います。「どのような資質・能力がどの程度育成されているか」という点にしっかりと目を向けていくことが必要です。

この目標に準拠した評価には，「観点別学習状況の評価」と「評定」があります。

2 観点別学習状況の評価

まず，観点別学習状況の評価について整理してみましょう。

観点別学習状況の評価とは，設けられた観点ごとに，分析的に学習状況を捉えていく学習評価のことです。平成29年改訂第1章においては，育成すべき資質・能力が「知識及び技能」，「思考力，判断力，表現力等」，「学びに向かう力，人間性等」という三つの柱で整理され，それぞれの柱に対応する形で，「知識・技能」，「思考・判断・表現」，「主体的に学習に取り組む態度」という学習評価の観点が設けられています。従来の学習評価は，「国語への関心・意欲・態度」，「話す・聞く能力」，「書く能力」，「読む能力」，「言語についての知識・理解・技能」という5観点で行われていましたが，現行の学習指導要領においては「A　話すこと・聞くこと」，「B　書くこと」，「C　読むこと」という領域が〔思考力，判断力，表現力等〕の柱に内包される構造になったことを受けて，学習評価の観点も形と数を変えています。

観点別学習状況の評価においては，子供たちの資質・能力がどの程度身に付いているかを「十分満足できる」状況（A），「おおむね満足できる」状況（B），「努力を要する」状況（C）という3段階で表していきます。これは従来と同様です。

学習指導要領の「2　国語科の内容」に指導「事項」として示されているのは，「おおむね満足できる」状況（B）です。そのため，指導「事項」の内容が実現できていると判断された子供は，「おおむね満足できる」状況（B）という評価になります。観点別学習状況の評価においては，この「おおむね満足できる」状況（B）かどうかという点が極めて重要です。そうした確認を単元の内容や段階を踏まえつつ，単元を通して行っていきます。

もし，指導「事項」の内容が実現できていない，つまり「おおむね満足できる」状況（B）でないという子供がいた場合，その子は「努力を要する」状況（C）という評価になります。その際は，全ての子供を「おおむね満足できる」状況（B）に引き上げるために，教師として具体的にどうするかを考え，手を打っていかなければなりません。「努力を要する」状況（C）と認識したまま，それを放置することは問題です。即座に対応するのはもちろんのこと，国語科のカリキュラム・マネジメントの観点から，年間指導計画を柔軟に組み直して指導の場を補填することもあるでしょう。また，「努力を要する」状況（C）の子供が多いという場合は，単元の目標設定や先生自身の指導の在り方等を見直すことが必要かもしれません。

一方，Bの状況だと判断した子供のうち，更なる質的な高まりや深まりが見られた場合は，「十分満足できる」状況（A）と捉えていきます。その様相については多様なものですし，限界もありません。それはCの様相についても同じです。そうしたことから，「十分満足できる」状況（A）や「努力を要する」状況（C）の評価規準を設定することはありません。先生方がAやCの状況を文章化して学習指導案等に掲げてしまうと，本来多様なはずの各状況の様相が限定的・固定的なものになってしまいます。観点別学習状況の評価においては，ルーブリックのようにABCの各基準を設定して子供の状況を把握分類するというのではなく，あくまで指導「事項」の内容が実現できているかどうかを判断していきます。つまり，B（以上）の状況

なのか，それともそうではない（＝Ｃの状況）のかという点が重要です。

　そして，このような観点別学習状況の評価の結果は，単元末などの節目に総括をしていきます。例えば，「この単元では『思考・判断・表現』の評価を３回記録して，○○さんは『ＡＢＢ』という結果だった。だから，この単元の『思考・判断・表現』の評価を総括すると『おおむね満足できる』状況（Ｂ）だな」となります。

① 「知識・技能」の評価

　「知識・技能」の評価は，「各教科等における学習の過程を通した知識及び技能の習得状況について評価を行うとともに，それらを既有の知識及び技能と関連付けたり活用したりする中で，他の学習や生活の場面でも活用できる程度に概念等を理解したり，技能を習得したりしているかについて評価するもの」（平成31年報告）と示されています。

　国語科においては，〔知識及び技能〕が，「(1)言葉の特徴や使い方に関する事項，(2)情報の扱い方に関する事項，(3)我が国の言語文化に関する事項」に整理されています。国語科における「知識・技能」の評価では，これらの習得状況を把握していくことになります。評価に当たっては，知識や技能の習得の速さや量，再生の正確さなどに目を向けるだけでなく，習得した知識や技能を言葉で説明したり，実際に活用したりすることができるかどうかという点を捉えていくことが重要です。

　〔知識及び技能〕については，子供一人一人が「日常の言語活動の中にある言葉の特徴やきまりなどに気付くことや，学習したことを日常の話したり聞いたり書いたり読んだりする場面に生かす」（小学校学習指導要領解説国語編）ことができているかどうか，つまり習得した知識や技能が子供たちの中で真に「生きて働く」ものとなっているかどうかを把握していかなければならないということです。

　そうなると，単元末や学期末のペーパーテストだけで「知識・技能」の学習評価を行うことには限界があります。〔知識及び技能〕の習得状況を把握するのに相応しい柔軟かつバランスのよい評価方法を実践していくことが必要です。

② 「思考・判断・表現」の評価

　「思考・判断・表現」の評価は，「各教科等の知識及び技能を活用して課題を解決する等のために必要な思考力，判断力，表現力等を身に付けているかどうかを評価するもの」（平成31年報告）と定義されています。

　国語科の〔思考力，判断力，表現力等〕は，「Ａ　話すこと・聞くこと」，「Ｂ　書くこと」，「Ｃ　読むこと」の３領域で構成されています。各領域に学年ごとに配置されている指導「事項」は，言語活動を通して指導をしていくことになっています。そのため，言語活動の中に，子供たちが思考したり判断したり表現したりする場を確実に用意して，資質・能力がどの程度身に付いているかを評価していくことになります。その際に重要なのは，資質・能力の育成に向けて指導「事項」を指導するために言語活動を機能させるという認識です。言語活動を実施

する目的が曖昧だったり，指導「事項」と言語活動の対応関係がズレていたりすると，評価しようとする資質・能力が不明瞭になったり，うまく評価できなくなったりするかもしれません。

　平成31年報告には，具体的な評価の方法として「ペーパーテストのみならず，論述やレポートの作成，発表，グループでの話合い，作品の制作や表現等の多様な活動を取り入れたり，それらを集めたポートフォリオを活用したりするなど評価方法を工夫することが考えられる。」とあります。評価しようとする資質・能力に応じて，それらを捉えるのに適した方法も異なるはずです。ペーパーテストに偏らず，評価方法を工夫していくことが求められます。

書写の学習評価

　〔知識及び技能〕の中には，⑶我が国の言語文化に関する事項の一つとして「書写」が位置付いています。書写は，伝達性の高い文字を効率よく手書きするという面で，〔知識及び技能〕の⑴言葉の特徴や使い方に関する事項の「話し言葉と書き言葉」や「漢字」と深く関わりながら，〔思考力，判断力，表現力等〕の特に「B　書くこと」の学習を支えています。

　しかしながら，国語科の他の内容とは別に教科書が用意されていることもあって，取り立てて指導することが一般的です。これは書写というものの特性に合わせた指導の在り方と言えます。そのため，書写の学習評価は，その内容や効果的な学習指導の行い方を考慮して，基本的には「知識・技能」と「主体的に学習に取り組む態度」の2観点で行うことになります。つまり，書写においては，「思考・判断・表現」の評価規準は無理に設定しなくともよいということです。単元の目標に応じて，「思考・判断・表現」を入れずに「知識・技能」と「主体的に学習に取り組む態度」の2観点で行う場合もあり，また「知識・技能」，「思考・判断・表現」，「主体的に学習に取り組む態度」の3観点で行う場合もあります。その単元で身に付けさせたい力に応じて設定していくことになります。

　これは，『解説国語編』の「第4章　指導計画の作成と内容の取扱い」にある「〔知識及び技能〕に関する配慮事項」の「必要に応じて，特定の事項だけを取り上げて指導したり，それらをまとめて指導したりするなど，指導の効果を高めるよう工夫すること」という記述を踏まえた対応です。

---

③　「主体的に学習に取り組む態度」の評価

　資質・能力の三つ目の柱である「学びに向かう力，人間性等」については，観点別学習状況の評価を通じて見取ることができる部分と，観点別学習状況の評価や評定にはなじまず，こうした評価では示しきれないことから個人内評価を通して見取る部分があります。

　まず，後者は，子供一人一人のよい点や可能性，進歩の状況のようなものが当てはまります。こうした部分については，「主体的に学習に取り組む態度」として評価するのではなく，個人内評価として「日々の教育活動や総合所見等を通じて積極的に子供に伝えることが重要である」と平成28年答申には示されています。小学校の先生方は，これまでも一人一人の成長の様子やよさなどを細やかに捉えてきました。そして，それを声がけやノートへの朱書きコメントのような方法で日常的に子供たちに伝えてきています。これらの評価は，子供たちの肯定感や学習意欲の向上に結び付いており，この後に整理する「主体的に学習に取り組む態度」を支え

る「粘り強さ」と「自己の学習の調整」という二側面を引き出すことにもよい影響を与えているはずです。今後も引き続き丁寧な個人内評価が求められます。

　もう一方の，観点別学習状況の評価を通じて見取ることができる部分は，「主体的に学習に取り組む態度」の評価の対象となります。平成31年報告には，「『主体的に学習に取り組む態度』の評価の基本的な考え方」として，「知識及び技能を獲得したり，思考力，判断力，表現力等を身に付けたりするために，自らの学習状況を把握し，学習の進め方について試行錯誤するなど自らの学習を調整しながら，学ぼうとしているかどうかという意思的な側面を評価することが重要である。」と示されています。「学習前の診断的評価のみで判断したり，挙手の回数やノートの取り方などの形式的な活動で評価したりする」ことではなく，また「単に継続的な行動や積極的な発言等を行うなど，性格や行動面の傾向を評価する」ということでもありません。知識及び技能の習得や思考力，判断力，表現力等の向上に向けて粘り強く試行錯誤をしているか，工夫して学習に取り組んでいるかという点を見ていくことになります。

　平成31年報告は，「主体的に学習に取り組む態度」においては，次の二つの側面を評価するように先生方に求めています。

> ①　知識及び技能を獲得したり，思考力，判断力，表現力等を身に付けたりすることに向けた粘り強い取組を行おうとする側面
> ②　①の粘り強い取組を行う中で，自らの学習を調整しようとする側面

　こうした二つの側面は，言うまでもなく，相互に関わり合いながら出現するものです。関連なく別々に現れて機能するということは考えにくいことです。つまり，「主体的に学習に取り組む態度」の評価結果が，例えば，粘り強く学習しているわけではないが，自己の学習の調整についてはしっかり実現しているといったものになってしまうのは不自然であると言えます。もちろん，その逆の姿も一般的なものではないでしょう。

　では，こうした粘り強さと自己の学習の調整という二側面を機能させるためには，授業づくりにおいて，どのようなことに留意するのがよいのでしょうか。平成28年答申には，「単元や題材を通じたまとまりの中で，子供が学習の見通しを持って学習に取り組み，その学習を振り返る場面を適切に設定することが必要となる。」と示されています。従来は，先生だけが単元の目標や評価規準を把握して，それに基づいた学習指導の（学習活動の）見通しをもっていたかもしれません。しかし，「学びに向かう力，人間性等」という資質・能力を育成するためには，子供たちもまた見通しをもって学習活動に取り組み，振り返る場が必要となります。子供自身が学びのPDCAを循環させて，学びと振り返りを一体化できるように学習指導を工夫しなければなりません。もちろん低学年段階であれば，先生方が学習のめあてを示して子供たちと共有し，そのめあてに向かって粘り強く工夫を重ねているかどうかを評価していくといった形になるでしょう。

　こうした過程で，もし「主体的に学習に取り組む態度」の評価が高いにも拘わらず，知識及

び技能を獲得したり，思考力，判断力，表現力等を身に付けたりすることが実現していないという状況が認められるのであれば，子供たちの粘り強さと自己の学習の調整が資質・能力を身に付けるために確実に生きるように，先生方は学習指導を改善する必要があります。

「主体的に学習に取り組む態度」の評価は，他の観点で評価した学習の状況を踏まえて行われます。平成31年報告には，「ノートやレポート等における記述，授業中の発言，教師による行動観察や，児童生徒による自己評価や相互評価等の状況を教師が評価を行う際に考慮する材料の一つとして用いることなどが考えられる。」と示されています。

3 評定

次に，評定について整理をしましょう。

観点別学習状況の評価が学習状況を分析的に捉えていくものであるのに対して，評定はそれらを総括するものとなります。学期末や学年末に行われることが多く，内容のまとまりごとに評価してきたものを総括し，第3学年以上であれば，下のようにさらに「3」「2」「1」の3段階に整理します。

> 「3」は「十分満足できる」状況と判断されるもの
> 「2」は「おおむね満足できる」状況と判断されるもの
> 「1」は「努力を要する」状況と判断されるもの

評定への総括に当たっては，そのルールをあらかじめ決めておく必要があります。ＡＢＣの組合せから評定に総括するのか，ＡＢＣを数値に置き換えて総括するのかということです。また，「学期末に総括した評定の結果を基にする」のか「学年末に観点ごとに総括した結果を基にする」のかということも決めておかなければならないでしょう。

このように総括したものを最終的には指導要録に記載していきます。

4 学習評価の記録

平成31年報告には，「日々の授業の中では児童生徒の学習状況を把握して指導に生かすことに重点を置きつつ，『知識・技能』及び『思考・判断・表現』の評価の記録については，原則として単元や題材等のまとまりごとに，それぞれの実現状況が把握できる段階で評価を行うこととする。」と示されています。これは，「『指導と評価の一体化』を意識しましょう」，「普段は把握した子供たちの状況を学習指導に反映させることを優先させましょう」ということです。学習状況を頻繁に詳細に記録しようとするあまり，子供から目が逸れて学習指導が疎かになったり，子供たちの学習活動が寸断されたりするようでは本末転倒です。それでは何のための学習評価なのか分からなくなってしまいます。

しかし，単元を通して，全ての子供が「おおむね満足できる」状況（Ｂ）になっているかどうかを正確に把握したり，それらを総括したりすることを考えると，学習評価を記録として残していくことも当然必要です。その際，単元を通して「指導と評価の一体化」を図るためにまとまりの中で学習の状況を記録していくことが重要です。学習指導から離れて，総括のために

記録するというようになってしまうと，学習評価を行うこと自体が目的化してしまいます。本書の共編著者である髙木が「指導に生かすとともに総括としても生かす評価」[i]と述べているように，子供たちの学習に生かす評価と総括のための評価とを別のものとして捉えないことが重要となります。

5　学びのプランの活用

　資質・能力の育成を図る上で「主体的・対話的で深い学び」を実現させるためには，学習指導に関する構想を先生方が学習指導案の形でもっているだけでなく，その内容を子供たちと共有していくことが重要です。この単元において，どのような資質・能力が身に付くことを目指しているのか，そのためにどのような展開を予定しているのか，何をもって学習評価を行うかということなどを教室で公開し，子供たちと共有していくのです。目標や評価規準などを共有していくことができれば，子供たちは単元の見通しをもって学習に向かい，それを振り返っていくことができるでしょう。「主体的に学習に取り組む態度」の評価の二側面である「粘り強さ」と「自己の学習の調整」の実現もしやすくなるはずです。

　しかし，教師向けの学習指導案をただ配付すればよいというわけではありません。そこで，活用したいのが「学びのプラン」です。「学びのプラン」では，単元において育成しようとしている資質・能力や単元の計画などが子供の視点や立場から子供に理解できる表現で示されます。

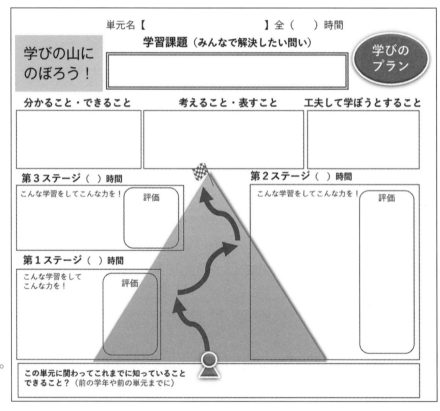

学びのプラン

[i] 田中保樹・三藤敏樹・髙木展郎編著『資質・能力を育成する授業づくり　指導と評価の一体化を通して』（東洋館出版，2021年）

Chapter ②

キーワードでみる
学習評価のポイントQ＆A

Q1 学習評価はどのように変わりましたか。

　平成10年告示の学習指導要領に伴い，目標に準拠した評価は，文部科学省初等中等教育局長「小学校児童指導要録，中学校生徒指導要録，高等学校生徒指導要録，中等教育学校生徒指導要録並びに盲学校，聾学校及び養護学校の小学部児童指導要録，中学部生徒指導要録及び高等部生徒指導要録の改善等について（通知）」（平成13年４月27日）で，それまでの「集団に準拠した評価（相対評価）」から，学習指導要領の内容の実現に向けた「目標に準拠した評価（いわゆる絶対評価）」として，日本の学校教育に導入されました。

　目標に準拠した評価は，学習指導要領の各教科の目標に示された「内容」の実現状況を評価する「観点別学習状況の評価」として，それぞれの観点ごとに学習評価が行うものです。

　平成20年改訂に伴う目標に準拠した評価の各観点は，「関心・意欲・態度」，「思考・判断・表現」，「技能」，「知識・理解」の４観点とし，国語科においては，「国語への関心・意欲・態度」，「話す・聞く能力」，「書く能力」，「読む能力」，「言語についての知識・理解・技能」の５観点を設定していました。

　平成29年改訂では，図１のとおり，各教科の目標及び学年の目標は，「知識及び技能」，「思考力，判断力，表現力等」，「学びに向かう力，人間性等」の三つの柱で再整理されました。こ

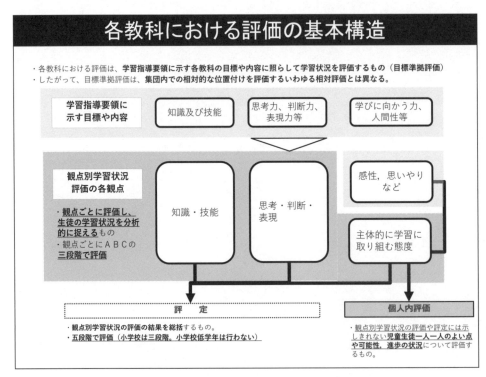

図１　各教科における基本構造＜引用＞平成31年報告 p.6

のうち「学びに向かう力，人間性等」には，①「主体的に学習に取り組む態度」として観点別評価（学習状況を分析的に捉える）を通じて見取ることができる部分と，②「感性や思いやり」など観点別学習評価や評定には示しきれない「個人内評価」（個人のよい点や可能性，進捗の状況について評価する）を通じて見取る部分があります。

観点別学習状況の評価の

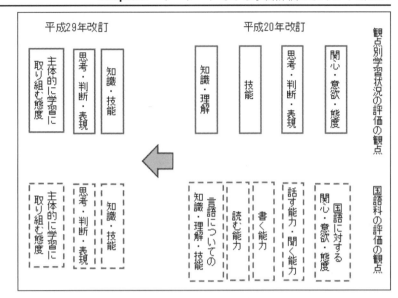

図2　平成20年版と平成29年版の観点別学習状況の
評価の観点と国語科の評価の観点

実施に際しては，学習指導要領の規定に沿って，評価の具体としては「主体的に学習に取り組む態度」を示しています。

　また，平成29年改訂に伴い，文部科学省初等中等教育局長通知「小学校，中学校，高等学校及び特別支援学校等における児童生徒の学習評価及び指導要録の改善等について（通知）」（以下「改善等通知」という。）が出され，これまでの4観点から学校教育法第30条第2項に示された学力の三要素に合わせ，全ての教科で「知識・技能」，「思考・判断・表現」，「主体的に学習に取り組む態度」の3観点が学習評価の観点となりました（図2）。

　観点別学習状況評価とは，児童の学習状況を複数の観点から，それぞれの観点ごとに分析するように把握することを目的とした学習評価です。児童が各教科等での学習において，どの観点で望ましい学習状況が認められ，どの観点に課題が認められるのかを明らかにすることにより，具体的な学習や指導の改善に生かすことを可能にするものです。各学校において目標に準拠した観点別学習状況の評価をするに当たっては，観点ごとに評価規準を定める必要があります。

　評価規準とは，観点別学習状況の評価を的確に行うため，学習指導要領に示されている各教科等の「2　内容」の指導「事項」に示されているものを規準とし，質的なものを評価することになります。したがって，学習評価は，学習指導要領の「2　内容」の実現を図ることを目標としています。

　目標を準拠した評価が20年以上経過していますが，学習評価の「評価基準」と「評価規準」の違いについて確認しておきましょう。**「評価規準」**とは学習指導要領の「2　内容」の指導

「事項」に示されているものを質的な規準とした学習評価です。例えば，「当該学年までに配当されている漢字読んでいる」，「様子や行動を表す語句を増やしている」といった目標（観点・内容）を指します。一方，**「評価基準」**とは，学習評価を量的な基準として示すことで行われる学習評価です。例えば，当該学年までの漢字を「50字読める」，「100字読める」，「全て読める」などと，目標に対してどの程度までできたかを判断する指標（＝目安）のことを指します。

Q2 指導と評価の一体化を図るとは，どのようなことですか。

指導していることと評価していることがずれていたり，評価すること自体が目的となってしまったりということはないでしょうか。

学習評価は，学校における教育活動に関し，児童の学習状況を評価するものです。児童の学習状況を的確に捉え，教師が指導の改善を図るとともに，児童が自らの学びを振り返って次の学びに向かうことができるようにするためには，学習評価の在り方が極めて重要であり，教育課程や学習・指導方法の改善と一貫性のある取組を進めることが求められます。

各教科等の指導に当たっては，**教育課程や学習・指導方法の改善と一貫性をもった形で学習評価の充実を図る「指導と評価の一体化」**を重視し，単元や題材など内容や時間のまとまりを見通しながら，「子供たちにどういった資質・能力が身に付いたか」を的確に捉えることが大切になります。

各学校おいては，次の図3に示すとおり，日々の授業の下で児童の学習状況を評価し，その結果を児童の学習や教師による指導の改善，学校全体としての教育課程の改善，校務分掌を含めた組織運営等に生かす中で，学校全体として組織的かつ計画的に教育活動の質の向上を図っています。このように，「学習指導」と「学習評価」は，学校の教育活動の根幹であり，教育課程に基づいて組織的かつ計画的に教育活動の質の向上を図る「カリキュラム・マネジメント」の中核的な役割を担っています。

また，指導と評価の一体化を図るためには，児童一人一人の学習の成立を促すための評価という視点を一層重視することによって，教師が自らの指導のねらいに応じて授業の中

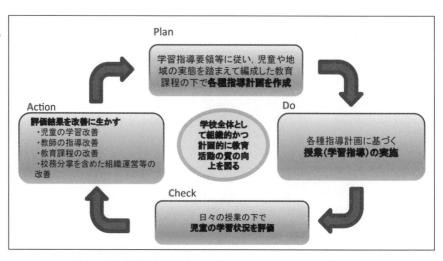

図3　学習指導と学習評価の PDCA サイクル＜参考＞報告 p.3

での児童の学びを振り返り，学習や指導の改善に生かしていくというサイクルが大切です。すなわち，「主体的・対話的で深い学び」の視点からの授業を育成していく上でも，学習評価は重要な役割を担っています。

　Chapter1④（p.23）にも示した「平成31年報告」には，学習評価を真の意味あるものとするために，次のような学習評価の基本的な方向性が示されました。

①　児童生徒の学習改善につながるものにしていくこと，
②　教師の指導改善につながるものにしていくこと，
③　これまで慣行として行われてきたことでも，必要性・妥当性が認められないものは見直していくこと，

　このように，「指導と評価の一体化」とは，学習評価により学習成果を的確に捉え，評価の結果によって教師が次の指導を改善したり，その後の教育課程を改善したりし，指導に生かす評価を充実させることです。

Q3　「内容のまとまりごとの評価規準」はどのように捉えればよいのでしょうか。

　「内容のまとまり」とは，学習指導要領に示す各教科等の「第2　各学年の目標及び内容　2　内容」の項目等をそのまとまりごとに細分化したり整理したりしたものです。

　平成29年改訂においては資質・能力の三つの柱に基づく構造化が行われたところであり，基本的には，学習指導要領に示す各教科等の「第2　各学年（分野）の目標及び内容」の「2　内容」において，「内容のまとまり」ごとに育成を目指す資質・能力が示されています。このため，「2　内容」の記載はそのまま学習指導の目標となりうるものです。

　各学年とも，「2　内容」は，〔知識及び技能〕と〔思考力，判断力，表現力等〕の二つの「内容のまとまり」で示されています。そして，これらのまとまりは，更に下の図4のように分けられています。

　学習指導要領の目標に照らして観点別学習状況の評価を行うに当たり，児童が資質・能力を身に付けた状況を表すために，「2　内容」に示されている〔知識及び技能〕と〔思考力，判断力，表現力等〕の指導事項に示された文末を「～すること」から「～している」と変換したものが，「知識・技能」と「思考・判断・表現」の「内容

```
第1節　国語
　第1　目標
　第2　各学年の目標及び内容
　　〔第1学年及び第2学年〕
　1　目　標
　2　内　容
　〔知識及び技能〕
　　(1)　言葉の特徴や使い方に関する事項
　　(2)　情報の扱い方に関する事項
　　(3)　我が国の言語文化に関する事項
　〔思考力，判断力，表現力等〕
　　A　話すこと・聞くこと
　　B　書くこと
　　C　読むこと
```

「内容のまとまり」とは，この「2　内容」です

図4　文部科学省「小学校学習指導要領（平成29年3月告示）

のまとまりごとの評価規準」となります。

　ただし，「主体的に学習に取り組む態度」に関しては，特に，児童の学習への継続的な取組を通して現れる性質を有すること等から，次の図5に示すとおり「2　内容」については記載がありません。

　そのため，各学年の「1　目標」を参考にしつつ，必要に応じて，改善等通知別紙4に示された学年別の評価の観点の趣旨のうち「主体的に学習に取り組む態度」に関わる部分を用いて「内容のまとまりごとの評価規準」を作成する必要があります。

「内容のまとまり」

〔知識及び技能〕	〔思考力，判断力，表現力等〕
(1)言葉の特徴や使い方に関する事項	A話すこと・聞くこと
(2)情報の扱い方に関する事項	B書くこと
(3)我が国の言語文化に関する事項	C読むこと

「評価の観点」

知識・技能	思考・判断・表現	主体的に学習に取り組む態度

つまり，〔知識及び技能〕は「知識・技能」，〔思考力，判断力，表現力等〕は「思考・判断・表現」と対応している。

**図5　文部科学省国立教育政策研究所教育課程センター
「『指導と評価の一体化』のための学習評価に関する参考資料」（令和2年3月，p.30）**

1　内容のまとまりごとの評価規準」を作成する際の【観点ごとのポイント】

　上記「令和2年参考資料」（p.31）には，次のように【観点ごとのポイント】が示されています。

　一年間を通して，当該学年に示された指導事項を身に付けることができるよう指導することを基本とする。

○「知識・技能」のポイント

・基本的に，当該単元で育成を目指す資質・能力に該当する〔知識及び技能〕の指導事項について，その文末を「〜している。」として，「知識・技能」の評価規準を作成する。なお，育成したい資質・能力に照らして，指導事項の一部を用いて評価規準を作成することもある。

○「思考・判断・表現」のポイント

・基本的に，当該単元で育成を目指す資質・能力に該当する〔思考力，判断力，表現力等〕の指導事項について，その文末を「〜している。」として，「思考・判断・表現」の評価規準を作成する。なお，育成したい資質・能力に照らして，指導事項の一部を用いて評価規準を作成することもある。

・評価規準の冒頭には，当該単元で指導する一領域を「（領域名を入れる）」において，」と明記する。

○「主体的に学習に取り組む態度」のポイント

・第１編で説明されているように，①知識及び技能を獲得したり，思考力，判断力，表現力等を身に付けたりすることに向けた粘り強い取組を行おうとする側面と，②①の粘り強い取組を行う中で，自らの学習を調整しようとする側面の双方を適切に評価できる評価規準を作成する。文末は「～しようとしている。」とする。「学年別の評価の観点の趣旨」においては，主として，①に関しては「言葉を通じて積極的に人と関わったり」，②に関しては「思いや考えをもったりしながら（思いや考えをまとめたりしながら），（思いや考えを広げたりしながら）」が対応する。①，②を踏まえ，当該単元で育成する資質・能力と言語活動に応じて文言を作成する。

Q₄ どのように単元の評価規準を設定したらよいでしょうか。

1　単元で取り上げる指導「事項」の確認

国語科では，年間指導計画等を基に，当該単元で取り上げて指導する指導「事項」を確認します。その上で，「小学校学習指導要領（平成29年告示）解説　国語編」（以下「解説国語編」という。）に当たり，児童の実態に照らし合わせながら取り上げる指導「事項」を検討し，確定していきます。

> **単元の目標及び言語活動の具体例**
>
> 単元名　夏休みの思い出を報告しよう
>
> （第２学年）Ａ　話すこと・聞くこと
>
> ○　単元の目標
>
> (1)　身近なことを表す語句の量を増し，話の中で使うとともに，語彙を豊かにすることができる。〔知識及び技能〕(1)オ
>
> (2)　相手に伝わるように，行動したことや経験したことに基づいて，話す事柄の順序を考えることができる。〔思考力，判断力，表現力等〕Ａ(1)イ
>
> (3)　話し手が知らせたいことを落とさないように聞き，話の内容を捉えて感想をもつことができる。〔思考力，判断力，表現力等〕Ａ(1)エ
>
> (4)　言葉がもつよさを感じるとともに，楽しんで読書をし，国語を大切にして，思いや考えを伝え合おうとする。「学びに向かう力，人間性等」
>
> ○　単元で取り上げる言語活動
>
> 夏休みの思い出について報告したり，それらを聞いて感想を記述したりする。
> （関連：〔思考力，判断力，表現力等〕Ａ(2)ア）

2　単元の目標と言語活動の設定

１で確定した指導「事項」を基に，以下の３点について単元の目標を設定していきます。

①「知識及び技能」の目標

②「思考力，判断力，表現力等」の目標

③「学び向かう力，人間性等」の目標

③については，いずれの単元においても当該学年の学年の目標である「言葉がもつよさ～思いや考えを伝え合おうとする。」までを示します。

・単元の目標を実現するために適した言語活動を，言語活動例を参考にして位置付けます。

3　単元の評価規準の設定

　「知識・技能」と「思考・判断・表現」の評価規準の設定の仕方は，当該単元で育成を目指す資質・能力に該当する指導「事項」をそのまま引用して，文末を「～している。」として作成します。

　なお，〔知識及び技能〕と〔思考力，判断力，表現力等〕の指導「事項」には，一つの指導「事項」の中に，複数の内容が入っている場合があります。例えば，「A　話すこと・聞くこと」ではアの指導「事項」には「話題の設定，情報の収集，内容の検討」，イの指導「事項」には「構成の検討，考えの形成」など複数の内容が入っています。「B　書くこと」においても，アの指導「事項」には「題材の設定，情報の収集，内容の検討」が入っています。「C読むこと」においては，エの指導「事項」には「登場人物の気持ちの変化や性格，情景について，場面の移り変わりと結び付けて具体的に想像すること。」と示されており，教材の特徴や児童に指導する内容によって，「登場人物の気持ちの変化」について重点的に指導する場合があったり，「登場人物の性格」に重点を置いて指導する場合があったりします。単元によって，指導「事項」に示された全てを評価規準として作成することも可能ですし，**指導「事項」の一部を取り出して評価規準として作成することも可能**です。

　「主体的に学習に取り組む態度」については，「改善等通知」では「各教科等の観点の趣旨に照らし，知識及び技能を獲得したり，思考力，判断力，表現力等を身に付けたりすることに向けた粘り強い取組の中で，自ら学習を調整しようとしているかどうかを含めて評価することとした」と述べられています。つまり，単元の指導「事項」として取り上げた「知識及び技能」「思考力，判断力，表現力等」のうち，資質・能力に密着に関係する重要な要素を「～しようとしている。」として作成します。

4　評価方法

　「『指導と評価の一体化』のための学習評価に関する参考資料（高等学校　国語）」（令和3年8月）p.44では，原則として次の3段階の具体的な評価方法が示されています。

---

① 　観察，点検

・行動の観察：　学習の中で，評価規準が求めている発言や行動などが行われているかどうかを「観察」する。

・記述の点検：　学習の中で，評価規準が求めている内容が記述されているかどうかを，机間指導などにより「点検」する。

② 　確認

・行動の確認：　学習の中での発言や行動などの内容が，評価規準を満たしているかどうかを「確認」する。

・記述の確認：　学習の中で記述された内容が，評価規準を満たしているかどうかを，ノートや提出物などにより「確認」する。

---

③　分析
・行動の分析：　「行動の観察」や「行動の確認」を踏まえて「分析」を行うことにより，
　　　　　　　　評価規準に照らして実現状況の高まりを評価する。
・記述の分析：　「記述の点検」「記述の確認」を踏まえて，ノートや提出物などの「分析」
　　　　　　　　を行うことにより，評価規準に照らして実現状況の高まりを評価する。

Q5 毎時間，評価しなくていいのですか。

「解説総則編」には，「各教科等の目標の実現に向けた学習状況を把握する観点から，単元や題材など内容や時間のまとまりを見通しながら評価の場面や方法を工夫して，学習の過程や成果を評価し，指導の改善や学習意欲の向上を図り，資質・能力の育成に生かすようにすること」と述べられています。

学習指導のねらいが児童の学習状況として実現されたかについて，評価規準に照らして観察し，毎時間の授業で適宜指導を行うことは，育成を目指す資質・能力を児童に育むためには不可欠です。その上で，評価規準に照らして，観点別学習状況の評価をするための記録を取ることになります。そのためには，いつ，どのような方法で，児童について観点別学習状況を評価するための記録を取るのかについて，評価の計画を立てることが引き続き大切です。毎時間児童全員について記録を取り，総括の資料とするために蓄積することは現実的ではないことからも，児童全員の学習状況を記録に残す場面を精選し，かつ適切に評価するための評価の計画が一層重要になります。

「令和２年参考資料」（p.42）事例１の第１時は評価規準・評価方法が明記されていません。これは，児童全員の学習状況を記録に残す単元の評価規準が第１時にはないことを意味しています。本単元では第２・３・４時に書き出したカードの記述の内容から，「事物の内容を表す言葉，経験したことを表す言葉，色や形を表す言葉」を活用して自分の伝えたいことが明確になっているかということを評価する計画になっています。このように，本単元で取り上げる指導「事項」を精選し，単元の内容や時間のまとまりを見通しながら評価の場面や方法を工夫して，学習の過程や成果を評価し，指導の改善や学習の改善につなげていくことが大切です。また，国語科では，一つの指導「事項」を年間で複数回繰り返し取り上げて指導し，能力の定着を図ることも求められます。「令和２年参考資料」（p.50）にあるような年間の単元評価重点が分かる年間指導計画等を作成しておくとよいでしょう。学習の系統性や指導の重点，既習事項の活用が一目で分かり，学習の見通しを立てるために役立っていきます。

Q6 評価規準に対する「おおむね満足できる状況」は，どのように想定すればよいのですか。

学習指導要領の指導「事項」を基に，単元の配列，教材の特徴，児童の実態を踏まえ，「おおむね満足できる状況」（Ｂ）について想定していきましょう。その上で，先生方同士で「お

おむね満足できる状況」（B）について話し合い，具体的な姿を描いていくようにしましょう。そうすることで，「おおむね満足できる状況」（B）を実現できていない児童を的確に捉え，手立てを講じることができます。

　例えば，「令和２年参考資料」（p.45，46）事例１の「夏休みの思い出を報告しよう」では，「思考・判断・表現①」の評価をする場面において夏休みの思い出を報告するために物事や対象についてどのような順序（時間的な順序や事柄の順序）で説明すると伝わりやすくなるかについて指導を行っています。書き出したカードの順序と順序を決定した理由を見ると，相手に伝わるように，心に残ったことから話す順序を考えているため，「おおむね満足できる状況」（B）と判断できます。一方，時間的な順序や事柄の順序に沿ってカードを並べることができなかったために，「努力を要する」状況（C）と判断した児童には，カードに書いた事柄から夏休みの思い出にした理由を想起させ，相手に伝えたい内容を絞り込むように手立てを講じる必要があります。なお，順番を考える際に，時間的な順序や事柄の順序を考えるとともに，聞き手に与える印象や効果まで含めた理由を記述している児童を「十分に満足できる」状況（A）と判断することができます。当然のことながら，「十分に満足できる」状況（A）と判断することができる児童の姿は一つに定められるものではなく，また全てを想定できるものではありません。しかし，評価規準に照らし合わせ，児童の姿を様々な方法で適切に見取り，価値付けていくことが教師の指導改善や児童の学習改善につながっていきます。

Q7 観点別学習状況の評価から評定へつなげるにはどのようにすればよいでしょうか。

1　観点別学習状況評価

　「観点別学習状況の評価」は，単元ごとの評価規準として，学習指導要領国語の「２　内容」の指導「事項」に示されている〔知識及び技能〕〔思考力，判断力，表現力等〕を基に，「内容のまとまりごとの評価規準」として「知識・技能」，「思考・判断・表現」，「主体的に学習に取り組む態度」の３観点を各学校で作成することが求められています。

　また，学習評価をする際には，この３観点に重み付けをしないことが求められています。すなわち，三つの観点は対等の関係にあり，各単元においてそれぞれの観点ごとに評価することになります。

　国語の授業における各単元の観点別学習状況の評価では，次のようにその実現状況を評価することになります。

「十分満足できる」状況と判断されるもの：A
「おおむね満足できる」状況と判断されるもの：B
「努力を要する」状況と判断されるもの：C

　上記のABCの評価では，学習指導要領に示されている「２　内容」の指導「事項」に示されている規準をB規準とします。Cと判断される状況の評価を行った場合には，Bと判断した

状況を実現できるように具体的な手立てを講じることにより，Bと判断される状況への実現を図る指導を行うことが求められます。

　Bと判断される状況のうち，さらに質的な高まりや深まりが見られたものをAと判断される状況として評価します。「十分満足できる」状況（A）と判断できる児童の姿は多様に想定されるので，学年会や教科部会等で情報を共有することが大切です。

　なお，「知識・技能」，「思考・判断・表現」，「主体的に学習に取り組む態度」の各単元における学習評価か，「ＣＣＡ」や「ＡＡＣ」といったばらつきのあるものとなった場合には，授業の在り方などの原因を検討したり児童への支援を行ったりして，教師の指導改善や児童の学習改善を図るなどして「指導と評価の一体化」を速やかに図っていく必要があります。

2　観点別学習状況の評価に係る総括と評定への流れ

　適切な評価の計画の下に得た，児童の観点別学習状況の評価に係る記録の総括の時期としては，単元（題材）末，学期末，学年末等の節目が考えられます。また，評定への総括は，学期末や学年末などに行われることが考えられます。

　具体的な総括の流れとしては，図6のような流れが考えられます。

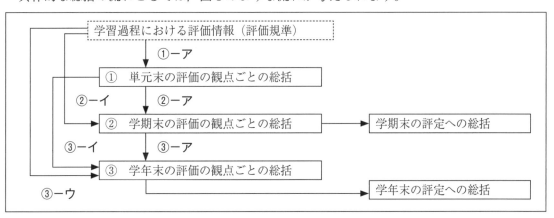

図6　観点別学習状況の評価に係る総括と評定への流れ

総括する時期ごとの総括方法
①　単元末における観点ごとの評価の総括
　①－ア　単元における評価規準で見取った評価を，観点ごとに総括する方法
②　学期末における観点ごとの評価の総括
　②－ア　単元ごとに総括した観点ごとに評価を，更に学期末で総括する方法
　②－イ　単元における評価規準で見取った評価を単元でまとめず，そのまま学期末の総括
　　　　　に結び付ける方法
③　学年末における観点ごとの評価の総括
　③－ア　学期末に総括した観点ごとの評価を，更に学年末で総括する方法
　③－イ　単元ごとに総括した観点ごとの評価を学期末でまとめず，そのまま学年末の総括

	に結び付ける方法
③ーウ	単元における評価規準で見取った評価を，単元や学期末にまとめず，そのまま総括に結び付ける方法

　観点別学習状況の評価に係る記録の総括については，評価結果の数を基に総括する方法や数値（合算・平均化）に置き換えて総括する方法でまとめていくことになりますが，誤差を減らすためには，単元末や学期末では仮評価・仮評定とし，学年末の最後にまとめると精度は高まります。

　なお，総括した評価は，児童や保護者に知らせることはもちろんですが，次年度の指導の重点や年間指導計画の改善に役立てることが大切です。

　具体的な総括の方法には，「令和2年参考資料」（p.16）では，「観点別学習状況の評価に係る記録の総括」について，次のように示しています。

・評価結果のA，B，Cの数を基に総括する場合

　何回か行った評価結果のA，B，Cの数が多いものが，その観点の学習の実施状況を最もよく表現しているとする考え方に立つ総括の方法である。例えば，3回評価を行った結果が「ABB」ならばBと総括することが考えられる。なお，「AABB」の総括結果をAとするかBとするかなど，同数の場合や三つの記号が混在する場合の総括の仕方をあらかじめ各学校において決めておく必要がある。

・評価結果のA，B，Cを数値に置き換えて総括する場合

　何回か行った評価結果A，B，Cを，例えばA＝3，B＝2，C＝1のように数値によって表し，合計したり平均したりする総括の方法である。例えば，総括の結果をBとする範囲を［2.5≧平均値≧1.5］とすると，「ABB」の平均値は，約2.3［（3＋2＋2）÷3］で総括の結果はBとなる

　なお，評価の各節目のうち特定の時点に重きを置いて評価を行う場合など，この例のような平均値による方法以外についても様々な総括の方法が考えられる。

　上記に示されているもの以外にも，次のような総括の方法も考えられます。

　観点別学習状況の評価の総括は，各単元の学習評価の実現状況を総括し，指導要録の「各教科の学習の記録」に，「知識・技能」，「思考・判断・表現」，「主体的に学習に取り組む態度」の三つの観点ごとにA，B，Cで記入します。

　「改善等通知」に示された指導要録の参考様式の「各教科の学習の記録」には，「知識・技能」，「思考・判断・表現」，「主体的に学習に取り組む態度」の観点別学習状況の評価の総括を記入する欄があります。この総括には，当該年度に行った学習状況の総括を示すことになります。

　当該年度に行われた各単元の「知識・技能」，「思考・判断・表現」，「主体的に学習に取り組む態度」の学習評価を総括する方法です。

3　総括から評定へ

　観点別学習状況の評価の評定への総括は，各観点の評価結果をＡ，Ｂ，Ｃの組合せ，又は，Ａ，Ｂ，Ｃを数値で表したものに基づいて総括し，その結果を小学校は３段階で評定してまとめることになります。

　ただし，「知識・技能」と「思考・判断・表現」が「Ａ」で，「主体的に学習に取り組む態度」が「Ｃ」となる場合は考えにくいものとなります。

　こうした評定の総括に当たっては，この数値を児童の学習状況についての３段階で分類したものとして捉えるのではなく，常にこの結果の背景にある児童の実現状況を思い描き，適切に捉えることが大切です。また，各学校においては観点別学習状況の評価ごとの総括及び評定への総括の考え方や方法について，教師間で共通理解を図り，児童や保護者に十分説明し理解を得られるようにしましょう。

Q8　「振り返り」の学習のポイントを教えてください。

1　振り返りの意義

　一般に，学習の振り返りという行為は，学習者自身が学習の節目節目において，学習した内容や活動を想起し，理解したことを整理する学習活動です。そのためには，児童に単元ごとの中でどのような資質・能力を身に付けるか，学習の見通しがもてるようにすることが大切です。何が分かって，何が分からないのかなどを表現させ，自分自身の学びを自覚させていきましょう。分からないことがあれば調べたり，次の時間に確認したりするようになり，更に成長する機会となります。さらに，振り返りによって，「自分の考えを発言できた」，「次は友達の意見を聞きたい」といった学んだことの充実感，達成感を味わうことになり，それは学習への意欲とつながっていきます。

　また，教師はその児童の振り返りから，児童一人一人の分かっていること，分からないことを分析し，今後の授業の中で工夫につなげる機会とすることが大切です。児童の振り返りに寄り添い，適切な言葉かけをすることによって，児童の学習に対する意欲を育てるとともに，教師自身も成長する機会としていきましょう。

2　五つの振り返りの学習

　では，具体的には「何を」，「どのように」することが振り返りの学習と言えるでしょうか。

　一つ目は，これまで学習してきたことを分析する振り返りです。つまり，当該学年までや前単元に学習してきたことや前時に学習したことを振り返り，学習の目的や学習の進め方などの見通しをもつ振り返りです。例えば，説明文を読む学習に入るとき，これまでにどのような構成の説明文を学習してきたか，本題材に関わるどのような知識や経験があるのかを振り返ることです。何が分かっていて，何が分からないのかを自覚化させ，学習の目的や学習の進め方を理解させていくことが重要です。

二つ目は，自分が学習した結果を分析する振り返りです。どんなことから何が分かったのか，どんな学びによって何ができるようになったのかを整理することです。つまり，学習したことを意味付けたり，身に付いた資質・能力を自覚したりする振り返りです。例えば，自分が書いた調査報告文を読み返したとき，調査した結果を基に考えたことが書かれているかどうかを振り返ることです。しかし，自分だけでは事実と意見が書き分けられているかどうか，適切な事例が取り上げられているか不安な場合もあります。そのようなとき，友達同士で書いたものを読み合い，確認することが重要です。

　三つ目は，学びの過程（プロセス）を分析する振り返りです。つまり，資質・能力を身に付けるためにどのような学習活動をし，どんな学習活動が有効であったのか否かを振り返ることです。例えば，宝物を紹介するという話すこと・聞くことの学習で，相手に内容を正確に伝えるために姿勢や口形，発声や発音に注意して話せるようになったのか，その学習過程を整理する振り返りです。しかし，音声言語はその場で消えてしまい記録には残らないので振り返りは難しいものです。そこで，一人で練習したとき，友達に聞いてもらったとき，ＩＣＴ機器を活用したときなど，その時々の学習過程を振り返り，その学習活動が有効であったかどうか振り返ることが重要です。

　四つ目は，自己の学びの変容を分析する振り返りです。最初は自分はどのように思ったり考えたりしていたのか，そしてどのように変わったのか，変わらなかったのか，その根拠を挙げながら自分の考えの変容を整理する振り返りです。例えば，物語を読む学習で，学習の最初と最後に感じたことや考えたこととを書き記しておけば，どのようなことが変化したのか児童は自分自身で気付くことができます。その際，本単元で身に付けたい資質・能力を意識して振り返ったり，教師が身に付けさせたい資質・能力と照らし合わせて価値付けたりすることが重要です。

　五つ目は，次への学習に向けての振り返りです。これまでどんな学習をしてきたばかりでなく，今後の学習に向けてどのようにしていきたいか，意欲や気持ちを整理する振り返りです。例えば，書写の時間に「はらい」の学習した後，「一度，しっかり止めてから『みぎはらい』ができるようにしたい」，「今度は『はね』を練習してみたい」など，次の学習に向けての学習への意欲や感情を表出させ認識しておくことが重要です。そうすることによって，新たな目標や課題を見いだし，主体的な学び手が育つと考えられます。

　このように，それぞれの教材の特性やどのような資質・能力を育成したいかによって，振り返る内容や方法は変わってきます。課題→展開→まとめ→振り返りといった型にはまった振り返りや，ただ単に心に残ったことや感想を書かせるだけ振り返りでは，質の高い学習の「振り返り」を行うことは難しいものです。確かに，自由に書かせても「いいこと書いているなあ」と思う視点をもって書いている児童もいるかもしれません。しかし，多くの場合，何をどう書いたらいいのか分からず，満足のいく振り返りはできないものです。

3　効果的な振り返りをする手立て

児童が振り返りのよさを感じたり，何のために振り返りを行うのかその必要性を実感したりするためには，教師の手立てが必要です。

①　ＩＣＴなどを活用した記録を提示する（動画や音声）

児童の話合いやスピーチなどの動画や話合いを文字に起こした記録などを基に，自分の以前の状態と現在とを比較したり，評価する観点に沿って互いに振り返ったりすることで，自分の課題を明確にしたり，課題が克服できたかどうか確かめられたりします。

②　よい学習の振り返りを共有する

学習感想を書かせることは多くの授業で行われています。しかし，単に「楽しかった」，「おもしろかった」という記述内容では，学習の振り返りとは言えません。学習をして分かったことやできたこと，気付いたことや考えたことなどを書くようにしていくことが大切です。そのために，よい視点からの気付きを書いている例や友達との意見交換から新たな問いなどが生まれた例を提示し，どのような振り返りがよいのか実感できるようにしましょう。

③　板書を活用して自分の学びを振り返る

板書は，その時間の児童の学びそのものです。学習のめあてや学習の手順，児童の気付きや発言など，学びの過程を俯瞰して捉えることができます。「今日はこんな学習をしたね」，「こんなふうな意見が出て，話合いが活発になったね」などと，板書を活用して，学びの軌跡を全員で振り返った後で，学習の振り返りを書かせることも有効です。このようにすることで，自分たちの学び方を振り返って記述することができるようになります。

④　振り返りの視点を提示する

「時間になったので，振り返りを書きましょう」と言って，学習の途中であっても学習の振り返りを書かせることがあります。何のために書くのか，何を，どのように書くのかを明確にされないまま振り返っても，児童は振り返りを書く必要性は感じられません。そこで，自分の学習の記録として残し，次の時間の学習に入る前に自分の学習を想起できるように工夫したいものです。そのためには，「今日はどんな学習をしたのか」，「友達と学習して気付いたことや考えたこと」，「次の学習でやってみたいこと」などを，振り返りの視点を提示することで，学習も能動的かつ円滑に進めることができます。低学年であれば振り返りを記述することも難しいこともあるでしょう。そうした場合は，振り返る観点や学習計画表を示し，実現状況をつたない表現であっても言葉で記述させていくようにしましょう。さらに，その振り返りに対して教師のコメントが書き加えれば，さらにどんなことに目を向けていけばよいのかが分かり，次第に学習の質も高まっていくことでしょう。

⑤　振り返りを書くことを習慣化する

学習の振り返りは，突然できるものではありません。特に，低学年においては毎時間ノートに振り返りを書かせ，記録に残すことを継続し，振り返りを習慣化させていくことも大切です。

そうすることによって，本時からどんな学びが生まれ，次の時間にはどのように変化していったのか捉えることもできます。習慣化が図れた後は，毎時間振り返りを書くことから単元のねらいに応じて学習する内容や時間のまとまりごとに振り返りを書くように留意していきましょう。

4 振り返りはあくまでも学習活動

振り返りの学習は活動であって，「主体的に学習に取り組む態度」の評価そのものではありません。「主体的に学習に取り組む態度」は，育成したい資質・能力に関わるノートやレポート等における記述，授業中の発言，教師による行動観察や児童による自己評価や相互評価等の状況を，教師が評価する際に考慮する材料の一つとして用いるものであることに留意しましょう。

なお，児童が行う自己評価や相互評価については，「児童生徒の学習評価の在り方について（報告）」（平成22年３月24日）（p.12）に，「児童生徒が行う自己評価や相互評価は，児童生徒の学習活動であり，教師が行う評価活動ではない」とされていることを確認しておきましょう。

Chapter ③

資質・能力の育成を図る 見通しある 指導と評価の展開

国語科の指導内容は，系統的・段階的に上の学年につながっていくとともに，螺旋的・反復的に繰り返しながら学習し，資質・能力の定着を図ることを基本としています。こうした国語科の教科特性が「何を教えたらいいのか」という指導内容の曖昧さにつながっていることは否めません。使用義務のある教科書教材を中核にした国語科授業を展開することに異を唱えるものではありませんが，決して教科書だけを教えればよいわけではありません。平成29年版国語科の改訂の趣旨及び要点として，「依然として教材への依存度が高い」という指摘のとおり，教材を通してどのような資質・能力を育成するかという点に意を用いることが重要です。こうした現状を踏まえ，本章では Chapter1・2における理論に基づき，小学校国語科で育成すべき資質・能力を年間等の見通しの中で意図的・計画的に指導し評価する方向を具体化します。

1 学習指導要領国語の目標及び内容の系統的理解

国語科で育成すべき資質・能力は，学習指導要領で規定されています。平成29年改訂では，教育課程全体を通して育成を目指す資質・能力を三つの柱（ア生きて働く「知識・技能」の習得，イ未知の状況にも対応できる「思考力・判断力・表現力等」の育成，ウ学びを人生や社会に生かそうとする「学びに向かう力・人間性等」の涵養）に基づいて，各教科等の目標及び内容が再整理されました。国語科においては目標及び内容の系統化が図られ，重点を置くべき指導内容が明示されました（次頁表1）。年間を見通すためには，その系統性の理解が前提となります。表1に示すとおり，小・中学校国語科の目標及び内容について改めて構造化して捉えると，育成すべき国語科の資質・能力は更新と新規の累積であると読み取ることができます（図1）。

国語科で育成する資質・能力は，一度取り上げて指導して終わりではありません。その更新は続きます。他教科等では，ある内容について1回し

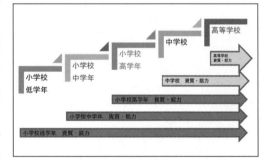

図1　資質・能力の累積のイメージ

か取り扱わない場合があります。例えば，「明治維新で活躍した人物」は，その単元内で完結します。国語科は平成29年改訂以前より能力重視の教科です。物語の人物の行動や心情を想像する能力は，上の学年でも必要です。事柄の順序を捉える能力は，国語科を越えた汎用的な能力です。

当該学年の資質・能力を育成しようとするとき，前後の学年の指導「事項」を把握することが重要です。そのことは資質・能力の重点化につながります。当該学年の指導「事項」を確実に育成することを中心に据えながら，既習の指導「事項」については補充し深化し統合することが大切になります。特に，知識・技能の習得状況が不十分であれば，計画的に反復して取り上げ，意図的に指導する必要があります。

表1　小中学校学習指導要領の目標及び内容の系統

目標及び指導「事項」			小学校 第1・2学年	小学校 第3・4学年	小学校 第5・6学年	中学校 第1学年	中学校 第2学年	中学校 第3学年
目標	教科の目標		言葉による見方・考え方を働かせ，言語活動を通して，国語で正確に理解し適切に表現する資質・能力を次のとおり育成することを目指す。					
		知識及び技能	（1）			（1）		
		思考力，判断力，表現力等	（2）			（2）		
		学びに向かう力，人間性等	（3）			（3）		
	学年の目標	知識及び技能	（1）			（1）		
		思考力，判断力，表現力等	（2）			（2）		
		学びに向かう力，人間性等	（3）			（3）		
知識及び技能	(1)言葉の特徴や使い方に関する事項	言葉の働き	ア	ア	ア		ア	
		話し言葉と書き言葉	イ　ウ	イ　ウ	イ　ウ	ア	イ	
		漢字	エ	エ	エ	イ	ウ	ア
		語彙	オ	オ	オ	ウ	エ	イ
		文や文章	カ	カ	カ	エ	オ	ウ
		言葉遣い	キ	キ	キ		カ	エ
		表現の技法			ク	オ		
		音読，朗読	ク	ク	ケ			
	(2)情報の扱いに関する事項	情報と情報との関係	ア	ア	ア	ア	ア	ア
		情報の整理		イ	イ	イ	イ	イ
	(3)我が国の言語文化に関する事項	伝統的な言語文化	ア　イ	ア　イ	ア　イ	ア　イ	ア　イ	ア　イ
		言葉の由来や変化		ウ	ウ	ウ		ウ
		書写	ウ（ア）（イ）（ウ）	エ（ア）（イ）（ウ）	エ（ア）（イ）（ウ）	エ（ア）（イ）	ウ（ア）（イ）	エ（ア）
		読書	エ	オ	オ	オ	エ	オ
思考力，判断力，表現力等	A 話すこと・聞くこと	話す　話題の設定／情報の収集／内容の検討	ア	ア	ア	ア	ア	ア
		構成の検討／考えの形成	イ	イ	イ	イ	イ	イ
		表現／共有	ウ	ウ	ウ	ウ	ウ	ウ
		聞く　話題の設定（再掲）／情報の収集（再掲）	ア	ア	ア	ア	ア	ア
		構造と内容の把握／精査・解釈／考えの形成／共有	エ	エ	エ	エ	エ	エ
		話し合う　話題の設定（再掲）／情報の収集（再掲）／内容の検討（再掲）	ア	ア	ア	ア	ア	ア
		話合いの進め方の検討／考えの形成／共有	オ	オ	オ	オ	オ	オ
		言語活動例　話す，聞く	ア	ア　イ	ア　イ	ア	ア	ア
		話し合う	イ	ウ	ウ	イ	イ	イ
	B 書くこと	題材の決定／情報の収集／内容の検討	ア	ア	ア	ア	ア	ア
		構成の検討	イ	イ	イ	イ	イ	イ
		考えの形成／記述	ウ	ウ	ウ　エ	ウ	ウ	ウ
		推敲	エ	エ	オ	エ	エ	エ
		共有	オ	オ	カ	オ	オ	オ
		言語活動例　説明・報告・意見系統	ア	ア	ア	ア	ア	ア
		実用系統	イ	イ		イ	イ	イ
		創作・感想系統	ウ	ウ	イ　ウ	ウ	ウ	
	C 読むこと	構造と内容の把握	ア　イ	ア　イ	ア　イ	ア　イ	ア	ア
		精査・解釈	ウ　エ	ウ　エ	ウ　エ	ウ　エ	イ　ウ　エ	イ　ウ
		考えの形成	オ	オ	オ	オ	オ	エ
		共有	カ	カ	カ			
		言語活動例　説明的文章系統	ア	ア	ア	ア	ア	ア
		文学的文章系統	イ	イ	イ	イ	イ	イ
		学校図書館等情報活用	ウ	ウ	ウ	ウ	ウ	ウ

小学校国語の各学年（低・中・高）の目標及び内容，言い換えると，観点別評価の内容を整理したものを章末に示します（**表4，5，6**）。こうした一覧化したものを常に日々の学習指導において意識しながら，各学年の資質・能力を確実に育成することが大切です。

2 年間を見通した指導と評価の展開

　年間を見通した指導と評価を展開していくために，次のような流れをたどって日々の授業へ，そして年間（学期末）における学習評価の総括としての評定へとつなげていきます。

ステージ1　■年間単元の指導と評価の重点一覧表の立案

　まず，配列した年間単元の一覧表を基に，「年間単元の指導と評価の重点一覧表」を作成し，指導事項の精選・重点化を図る。

ステージ2　■年間単元の指導と評価の計画表の立案

　次に，系統化と重点化を図った年間の見通しを基に，「年間単元の指導と評価の計画表」を作成する。

ステージ3　■単元の指導と評価の進め方の基本形の把握

　そして，年間単元の指導と評価の計画を基に，各単元の指導と評価の基本形を把握する。併せて，単元における観点別学習状況の総括の仕方を検討する。

ステージ4　■年間（学期）における観点別学習状況の総括（評定）

　最後に，年間単元を通した指導と評価を指導要録（評定）へつなげる際の観点別学習状況の総括の仕方を検討する。

　以下，ステージ1から4までの具体的な展開を示します。

1　ステージ1：年間単元の指導と評価の重点一覧表の立案

　国語科においては，学習指導要領に示されている一つ一つの指導「事項」を年間で複数回繰り返して取り上げて指導することがあります。指導「事項」をいつ，どの単元で取り上げて指導するのか，それを何回繰り返すのか，取り上げた指導「事項」をどのように重点化するのか，そして評価するのかといった点を年間という枠組みで見通すことが大切です。そのためには，各学年における「年間単元の指導と評価の重点一覧表」が必要です（次頁**表2**）。**表2**は縦列に指導「事項」，横の行に単元名を記載しています。取り上げる指導「事項」には〇印，その中で重点的に取り上げるものには◎印を付けることで，年間単元の指導と評価の見通しをもつことができます。

表2　年間単元の指導と評価の重点一覧表

［第2学年］　◎…重点事項

月	単元名（言語活動例）	指導時間数	知識及び技能 (1)言葉の特徴や使い方に関する事項 ア 言葉の働き	イ 話し言葉と書き言葉	エ 漢字	オ 語彙	カ 文や文章	キ 言葉の遣い	ク 音読・朗読	(2)情報の扱い方に関する事項 ア 情報と情報の関係	(3)我が国の言語文化に関する事項 ア 伝統的な言語文化	エ 書写	オ 読書	思考力、判断力、表現力等 A 話すこと・聞くこと ア（話題の設定／情報の収集／内容の検討）	イ（構成の検討／考えの形成）	ウ（表現／共有）	エ（構造と内容の把握／精査・解釈／考えの形成／共有）	オ（話合いの進め方／考えの形成／共有）	B 書くこと ア（題材の決定／情報の収集／内容の検討）	イ 構成の検討	ウ 考えの形成（記述）	エ 推敲	オ 共有	C 読むこと ア 構造と内容の把握	イ 構造と内容の把握	ウ 精査・解釈	エ 精査・解釈	オ 考えの形成	カ 共有
	（略）																											
6	お話をやくに分かれておんどくしよう（C読むことイ）	12	○						◎																◎				
6	おもちゃの作り方をせつめいしよう（C読むことア）	8					○			○														◎		○			
7	よく見てくわしく書こう（B書くことア）	6		○	○	○													◎										
7	じぶんのたからものをしょうかいしよう（A話すこと・聞くことイ）	6				○						○			◎														
7	むかし話を読んでかんそうをつたえよう（C読むことイ）	8									◎														◎		○		
7	夏休みのできごとを話そう（A話すこと・聞くことア）	5											○	◎			○												
9	シリーズ作品のおもしろさをしょうかいしよう（C読むことウ）	10							○				◎													◎		○	◎
9	まとまりに分けてお話を書こう（B書くことウ）	8								◎										○	◎								
	（略）																											

〔年間単元の指導と評価の重点一覧表の効用〕

①指導「事項」の網羅と調和

表2（第2学年　6・7・9月のみ提示）の縦列を見ると，当該の指導「事項」をどの単元とどの単元で取り上げて指導し評価しているかが一目瞭然です。取り上げていない指導「事項」にも目が向きます。表2では，〔知識及び技能〕の「(1)ア言葉の働き」，「(1)キ言葉遣い」，「(1)エ漢字」，「(3)イ伝統的な言語文化」，「(3)エ書写」と，〔思考力，判断力，表現力等〕の「Aオ話し合う」の指導「事項」に〇印及び◎印はないことが分かります。これらは，年間を通してどの単元で取り上げているかを確認しなければなりません。また，〇印と◎印が多過ぎる場合は，別の指導「事項」に変更する必要も生じます。◎印の付け方には十分な配慮が必要です。〇印はあるが◎印はない指導「事項」や，◎印が他の指導「事項」と比べ多い指導「事項」には注意します。そのことで，指導「事項」の取り上げ方に過度の重複や欠落がないかを確認することができるのです。

こうした確認の上に立って，当該学年で育成すべき資質・能力を調和的に取り上げ，指導「事項」の精選・重点化を図る必要があります。

②指導「事項」間の関連と系統

表2の横の行を見ると，各単元においてどの指導「事項」を取り上げるかが明確になります。基本的には，〔知識及び技能〕に示す事項については，〔思考力，判断力，表現力等〕に示す事項の指導を通して指導します（必要に応じて特定の事項だけ（例「書写」）を取り上げて指導したり，それらをまとめて指導したりできます）。その点を踏まえて，〔知識及び技能〕と〔思考力，判断力，表現力等〕の各領域の事項との関連性を検討することが重要です。

例えば，9月「シリーズ作品のおもしろさをしょうかいしよう」においては，〔思考力，判断力，表現力等〕の「C　読むこと」の「共有」の事項を重点化しています。一人一人がシリーズを読んで感じたおもしろさを分かち合うことを重点化して指導しようとするとき，「考えの形成」の事項の指導を確保するとともに，〔知識及び技能〕として「音読・朗読」及び「読書」の事項を取り上げた指導が一体的に構想されています。シリーズ作品に対する「考えの形成」の事項は，〇印にしています。ここでは，7月「むかし話を読んでかんそうをつたえよう」の単元において重点化して取り上げた「考えの形成」での学習成果が活用される必要があります。一覧表はこうした指導「事項」間の系統性を把握することにつながるのです。

注意すべき点としては，一つの単元であれもこれもと指導「事項」を増やさないことです。指導時間数との関連から指導「事項」の数の多少を検討する必要があります。取り上げた指導「事項」は，単元を通して意図的・計画的に全員の児童に対して，その定着が図られるように指導し，そして児童一人一人を適切に評価することが求められます。それだけ指導と評価には責任が伴うのです。よって，決して多くの指導「事項」を設定すればよいということにはなりません。

2　ステージ２：年間単元の指導と評価の計画表の立案

　年間を見通した指導と評価の重点を概観した上で，更に年間を見通すためには，より具体的な内容を盛り込んだ年間の計画を作成する必要があります（次頁**表３**）。

〔年間単元の指導と評価の計画表に盛り込む要素〕

☑**単元を設定する時期（月・週）を決定し明記する。**
　→季節感（地域・学校の行事）や他教科等で取り扱う題材との関連を図る。

☑**単元名を決定し明記する。**
　→取り上げる言語活動と身に付ける資質・能力が一目で理解できる文言が望ましい。

☑**単元で用いる教材（中核，関連・補助）を決定し明記する。**
　→教材名は，単元名と同一ではない。あくまで材料である。必要に応じて複数化する。

☑**指導時間数を決定し明記する。**
　→「Ａ　話すこと・聞くこと」は第１・２学年が年間で約35単位時間，第３・４学年が約30単位時間，第５・６学年が約25時間を確保する。「Ｂ　書くこと」は第１・２学年が約100単位時間，第３・４学年が約85時間，第５・６学年が約55時間を確保する必要がある。
　→〔思考力，判断力，表現力等〕の各領域については，単一の領域にするか，領域を複合する単元にするかを決定し明示する。指導「事項」の精選・重点化を図る上で無意図に領域を複合させることは指導と評価を曖昧にする場合があるので留意する。

☑**単元で育成する資質・能力を明記する。**
　→学習指導要領国語編に示されている「２　内容」の指導「事項」から当該単元の学習において育成を目指す内容を検討する。基本的には，指導「事項」を転記することになるが，その単元で学習する内容と乖離した文言は削除してよいし，加筆しても構わない。

☑**単元の評価規準を設定し明記する。**
　→育成する資質・能力に照らして，指導「事項」の一部を用いて作成する。

☑**評価方法を明記する。**
　→児童の行動や記述等について，観察・点検したり確認・分析したりして評価する。

☑**単元で育成する資質・能力と関連付く言語活動とその特徴を明記する。**
　→学習指導要領国語編に示されている「２　内容」〔思考力，判断力，表現力等〕の(2)の言語活動例における具体的な言語活動を選定し，その特徴を示す。

☑**主な学習活動を設定し明記する。**
　→単元全体の中での評価方法と連動するものを主として示す。

☑**教科等横断的の視点に立ち，他教科等との関連を明記する。**
　→教科等横断的の視点に立った資質・能力（情報活用能力や問題発見・解決能力等）の育成に係る他教科等との関連を示す。

※「備考」の欄…授業後の所見として，次年度の計画づくりに向けた気付きなどを書く。

表3　年間単元の指導と評価の計画表

[第2学年]

時期 月・週	単元名	教材名	指導時間数 全体時数	指導時間数 話すこと・聞くこと	指導時間数 書くこと	指導時間数 読むこと	単元で育成する資質・能力	単元の評価規準	評価方法	言語活動とその特徴	主な学習活動	他教科等との関連	備考 授業後の所見

【記入の仕方】

- →季節（地域・学校の行事にひもづける言語活動と身に付ける資質・能力、他教科等との関連を図る。

- →取り上げる言語活動や身に付ける資質・能力、他教科等との関連を図る場合の精選・重点化を図るうえで無意図に領域に領域化させることによる指導と評価を曖昧にする場合があるので留意する。

- →教材名は単元名と同一ではない。あくまで教材名である。

- →第1・2学年の場合「A話すこと・聞くこと」は年間35単位時間程度、「B書くこと」は年間100単位時間程度を確保する。基本的には一日で理解できる文言と関連の教材とが望ましい。

- →学習指導要領国語に示されている「2 内容」の〔指導「事項〕から当該単元の学習で育成を目指す内容及び育成を検討する。指導事項を転記することになるが、その単元での学習する内容を精選し文言に加筆しても構わない。

- →重点指導事項は、下線（あるいは太字）で強調する。

- ☑単元の評価規準を設定し明記する。

- →育成しようとする資質・能力に照らして、指導事項の一部を用いて作成する。

- ☑評価方法を明記する。

- →子どもの行動や記述について、観察・点検したり確認・分析したりして評価する。

- →学習指導要領国語に示されている「2 内容」〔思考力、判断力、表現力等〕の言語活動例における具体的な言語活動を選定し、その特徴を示す。

- →単元全体の中での主たるものを示す（詳細に記すものではない）。

- →単元の中での主たる資料（情報活用能力や問題発見・解決能力等）の育成や他教科等に係る他教科等との関連を示す。

- →教科等横断の視点に立った資料・能力・次年度の計画づくりに向けた気付きを書く。

【例】教材「ごんぎつね」（国立教育政策研究所が作成した「指導と評価の一体化」のための学習評価に関する参考資料）（令和2年3月）を基に書き換えたもの

| 11 第1週 | ごんぎつねを読んで感じたことを考え、感じたことをまとめよう | ごんぎつね | 9 | 9 | | | [知識及び技能]・様子や行動、気持ちや性格を表す語句の量を増し、語彙を豊かにしている。(1)オ　[思考力、判断力、表現力等]・登場人物の気持ちの変化について、場面の移り変わりと結び付けて具体的に想像することができる。C(1)エ・文章を読んで理解したことに基づいて、感想や考えをもつことができる。C(1)オ　[学びに向かう力、人間性等]・言葉のもつよさに気付くとともに、幅広く読書し、思いや考えを大切にして伝え合おうとする。 | 知識・技能 ①様子や行動、気持ちや性格を表す語句の量を増し、語彙を豊かにしている。(1)オ　思考・判断・表現 ①「読むこと」において、登場人物の気持ちの変化について、場面の移り変わりと結び付けて具体的に想像している。C(1)エ ②「読むこと」において、文章を読んで理解したことに基づいて、感想や考えをもっている。C(1)オ　主体的に学習に取り組む態度 ①様子や行動、気持ちや性格を表す語句の量を増し、語彙を豊かにしながら、登場人物の気持ちの移り変わりについて具体的に想像することに、根気強く考えようと取り組もうとしている。 | 記述の確認・分析 ①記述の確認 ②記述の確認・分析 行動の確認・記述の分析 | ・詩や物語を読み、内容を説明したり、考えたことなどを伝え合う。オ | ・場面の様子や登場人物の行動、気持ちや性格を表す言葉の意味を調べて分かったことをまとめる。 ①登場人物の気持ちの変化を想像し、場面的にたかをまとめる。②気持ちの変化を通して登場人物の様子の移り変わりや場面の様子を基に、物語の感想をまとめる。・上記②と関わって、感じたことについて、そのことを支える理由となる部分の考えながら読書んだり、交流の際に参考になった意見を付箋に書き込んだりする。 | ・経験したことなどを報告する（特別活動 総合的な学習の時間等） | |

3　ステージ3：単元の指導と評価の進め方の基本形の把握

　年間単元の指導と評価の重点一覧表に基づき，年間単元の指導と評価の計画表を作成した後は，いよいよ日々の授業につながる各単元の指導と評価の進め方を検討する必要があります。ここでは，その基本形を示します。ステージ2「年間単元の指導と評価の計画表の立案」で示した項目内容を適用することが中心です。下記の基本形は，学習指導案に盛り込む要素として捉え，具体的な様式や見出し等については各地域や学校の実情に合わせて工夫します。

■国語科における単元の指導と評価の基本形：国語科学習指導案の項立て

1　**単元名・教材名**

　　※上段に「単元名」，下段に「教材名」を示す。

2　**単元の目標**

　　※単元で育成すべき資質・能力を三つの柱に即して示す。

　　〔知識及び技能〕　　　　　　　　※指導「事項」の文末を「～できる。」として示す。

　　〔思考力，判断力，表現力等〕※指導「事項」の文末を「～できる。」として示す。

　　「学びに向かう力，人間性等」※学年の目標を転記する。各単元が目指す方向と捉える。

3　**単元で取り上げる言語活動とその特徴**

　　※学習指導要領国語編に示されている「2　内容」〔思考力，判断力，表現力等〕の(2)の言語活動例における具体的な言語活動を選定し，その特徴を示す。

4　**単元の評価規準**

　　◆**知識・技能**　　　　※指導「事項」の文末を「～している。」として作成する。

　　◆**思考・判断・表現**　※文頭に「（領域名）おいて，」を明記する。

　　　　　　　　　　　　　※指導「事項」の文末を「～している。」として作成する。

　　◆**主体的に学習に取り組む態度**　※次の①から④の内容を網羅する。

　　　①**粘り強さ**

　　　　知識及び技能を獲得したり，思考力，判断力，表現力等を身に付けたりすることに向けた粘り強い取組を行おうとする側面。

　　　②**自らの学習の調整**

　　　　①の粘り強い取組を行う中で，自らの学習を調整しようとする側面。

　　　③**特に粘り強さを発揮してほしい内容**

　　　　他の2観点（〔知識・技能〕，〔思考・判断・表現〕）において重点とする内容。

　　　④**当該単元の具体的な言語活動**

　　　　自らの学習の調整が必要となる具体的な言語活動を考えて授業を構想する。

※主体的に学習に取り組む態度の評価規準は，「＜③〔知識及び技能〕＞に気付き（理解し），
＜④言語活動＞を通して，＜③〔思考力，判断力，表現力等〕＞することに向けた，＜①
粘り強い取組＞，＜②自らの学習の調整＞しようとしている」などの内容構成が考えられ
ます。意思的な側面が対象であり，言語活動を評価するのではないことに留意します。

＜例＞文の中における主語と述語との関係に気付き（③〔知識及び技能〕），**経験したことを**
報告する文章を書く活動を通して（④「言語活動」），**必要な事柄を集めたり確かめたりして**
伝えたいことを明確にすることに向けた（③〔思考力，判断力，表現力等〕），**粘り強い**
（①）**取組を行う中で，自らの学習を調整**（②）**しようとしている。**

5 単元の指導と評価の計画（全〇時間）

　単元全体の時間のまとまりを考慮し，育成する資質・能力をどの段階で指導し評価するかを
構想する中で，児童が行う学習活動を検討する。

次	時	育成する資質・能力と指導上の留意点	評価規準・評価方法等【B】おおむね満足できる状況	主な学習活動
第一次		◆縦列をまたぐようにして，各次に「4　単元の評価規準」で示した内容を明記する。そのあとには，指導「事項」の記号，評価規準の観点，評価方法等を記入する。 ◆「4　単元の評価規準」に該当しない箇所は，空欄とする。それは，資質・能力を育成する指導は行うものの，記録に残す評価の場面ではないことを意味する。ここでは，全員が「おおむね満足できる状況」（B）になるように指導を行うことが重要である。		
第二次 第三次		■単元の目標との関連から時間のまとまりを捉えて記入する。単位時間ごとに記入する必要はない。 ■単元の目標を実現するために，各次の時間のまとまりを意識し，指導上の留意点を記述する。指導に当たっては，学習指導要領解説国語編に示されている内容を十分に踏まえる。	■単元の学習過程に即して3観点の評価規準を取り出し，その評価方法と共に示す。 ■「おおむね満足できる状況」（B）を具体的に明記する。 ■「学びのプラン」（後述）に記載した内容を転記する。 ■「主体的に学習に取り組む態度」の評価は，その単元での学習を通して育成すべき資質・能力であるので，単元の学習の最終段階で行うことが多くなる。	■主な学習活動として，時間のまとまりごとに児童が行う具体を示す。 ■学習のまとまりを整理して，単元全体の学習がどのように組織されているかを示す。 ■「思考・判断・表現」の事項の指導には，言語活動を学習活動として取り入れる（記録・要約・説明・論述・話合い等）。 ■「振り返り」は，見通しについて相対して行うものであり，それを意識した学習活動を設定する。

6　本時の指導と評価の計画（○／○）

(1)本時の目標　※本時を通して育成する資質・能力

(2)本時の評価規準・評価方法

(3)計画

時	主な学習活動	指導と評価の留意点（○指導）＜※評価（方法）＞
	「5　単元の指導と評価の計画」の「主な学習活動」の内容を具体化して記入する。45分の時間配分に配慮した活動を児童の側に立って構想する。	本時の目標の実現のために，学習活動の際にどのような指導の工夫を行う必要があるのか。そして，評価はどの場面，どのような方法で行うのかを明記する。 　C児童への手立てについても記入する。

　以上のような基本形に沿って，単元（一単位時間）の指導と評価を一体化して授業展開します。その結果として観点ごとの評価規準に照らして評価結果を総括していくことになります。次は，その総括のためのメモ形式の例です（参考　国立教育政策研究所　参考資料）。

単元の観点別評価の総括のためのメモ

単元名	○○○○○						指導時間数	時間
観点	知識・技能		思考・判断・表現				主体的に学習に取り組む態度	
単元の評価規準	………	単元を通した評価	……… （重点）	………	単元を通した評価	………		単元を通した評価
時間	2・3・8		3・4	5・6・7		4・8		
評価方法	カードの記述の分析 テストの点検		カードの記述の分析	ワークシートの記述の分析		行動観察		
児童1	B	B	B	A	B	B		B
児童2	A	A	A	B	A	A		A
児童3	B	B	B	B	B	A		A
（略）								

　設定した単元の評価規準をどのような時間のまとまりで評価するかを決定し，評価方法を簡潔に明示して個別にＡＢＣを記入する形式となっています。テストの結果（点数）を書き入れたり，特記事項を記入したりする列を増やすなど工夫が考えられます。

　表の見方として，児童2に注目すると，「思考・判断・表現」の二つの評価規準が「A」と「B」に割れていますが，単元を通した評価では「A」となっています。これは，「A」を評価した指導「事項」に本単元の重点があったためです。これは，年間単元の指導と評価の重点表に基づきます。

4　ステージ４：年間（学期）における観点別学習状況の総括（評定）

　年間（学期）における観点別学習状況の総括を評定につなげます。総括及び評定の基本的な考え方や流れについては，Chapter2　Q7で述べています。ここでは，年間（学期）おける観点別学習状況の総括の手続きとして，「学級全体を一覧化した総括表」と「学習評価の個票」の２種類を示します。

■学級全体を一覧化した総括表

　年間単元を縦列にし，毎単元の観点別学習状況を３観点でA・B・Cを付けていきます。その結果を総括し，評定を付けます。備考には，個別に関わる特記事項などを記入します。

児童名	月	略	5			6			7			略	総括			評定	備考
	単元		・・・			・・・			・・・								
	観点		知技	思判表	主学態	知技	思判表	主学態	知技	思判表	主学態		知技	思判表	主学態		
児童1			A	B	B	B	B	B	A	A	A						
児童2																	
児童3																	
（略）																	

　各月の欄には，複数の単元が掲載されることになります。〔思考力，判断力，表現力等〕の３領域については，その区別が分かるように色付けするとよいでしょう。

■学習評価の個票

　学級全体を一覧化した総括表をより個別化する個票の形式です。個人内評価としてその児童なりの成果を加点的に評価することにつながります。

＜学習の記録＞　　　　　　　　　　〔　　　〕年〔　　　〕組　氏名〔　　　　　　　　　　　　〕

月	単元名	知識・技能	思考・判断・表現	主体的に学習に取り組む態度	特記事項
（略）					
6					
7					
（略）					
	総括				
				評定	

3 〔思考力，判断力，表現力等〕の各領域の指導と評価のポイント

1 「A　話すこと・聞くこと」の指導と評価

■指導「事項」の特徴

　「話すこと・聞くこと」の指導「事項」は，学習過程に即し，次のような構成になっています。

> ○話題の設定，情報の収集，内容の検討
> ○構成の検討，考えの形成（話すこと）
> ○表現，共有（話すこと）
> ○構造と内容の把握，精査・解釈，考えの形成，共有（聞くこと）
> ○話合いの進め方の検討，考えの形成，共有（話し合うこと）

　「話すこと」，「聞くこと」，「話し合うこと」のそれぞれの学習過程に沿って順を追うように指導「事項」が配列されています。学習指導要領解説国語編が示すとおり，これらを順番よく指導する必要はありません。指導の順序性を示したものでないことに留意する必要があります。また，「話すこと」，「聞くこと」，「話し合うこと」は必ずしも切り分けて指導するものでもありません。それぞれは，相互密接な関連があります。指導「事項」の重点化を図りながら，「話すこと」，「聞くこと」，「話し合うこと」の各指導「事項」を関連付けた指導が重要です。

　〔知識及び技能〕の「話し言葉」や「言葉遣い」に関する指導を計画的に取り上げ，「話すこと」，「聞くこと」の指導「事項」との関連を図ることが大切です。

■言語活動例の特徴

　話し手と聞き手との関わりの下で成立する言語活動例を設定しています。それは，話し手がまとまった話をし，聞き手が感想や意見を述べる言語活動，話すための情報を収集したり，それらを発信したりする言語活動，目的に沿って話し合うことを通して互いの考えを共有したり，生かし合ったりする言語活動です。紹介，説明，報告，意見，提案，感想，質問，応答，インタビュー等々の様々な言語活動を通して指導「事項」を指導することが求められています。

■学習評価のポイント

　「話すこと・聞くこと」の学習評価に当たっては，児童一人一人を適切に評価するために，ＩＣＴ機器（タブレット）の動画再生機能を活用するなどが考えられます。一人一人の発表の場を設定する場合，第三次の時間配分を検討し，全員に公正に表現の機会を与えられる配慮することが大切です。他方，「話すこと・聞くこと」は音声表現だけが学習評価の対象であるとする思い込みがあります。声の大きさや速さ，言葉の抑揚や強弱，間の取り方などを工夫することは，「話すこと」の「表現」に関わる指導「事項」の一部です。一部であって全部ではありません。高学年では，「表現」の指導「事項」として「資料を活用する」ことを求めています。単元を通した学んだ結果として音声表現の実相のみならず，表現に至るプロセスを適切に学習評価することが重要です。

2 「B　書くこと」の指導と評価

■指導「事項」の特徴

　「書くこと」の指導「事項」は，学習過程に即し，次のような構成になっています。

> ○題材の設定，情報の収集，内容の検討
> ○構成の検討
> ○考えの形成，記述
> ○推敲
> ○共有

　「話すこと」，「聞くこと」，「話し合うこと」と同様に，「書くこと」も学習過程に沿って順を追うように指導「事項」が配列されています。これらを順番よく指導する必要はありません。指導の順序性を示したものでないことに留意する必要があります。このことに関連して，「考えの形成」が「記述」の段階に位置付けられています。必ずしも「記述」の段階において「考えの形成」の指導「事項」を指導するわけではありません。一連の学習過程の中で記述前に考えていたことが記述中に修正されたり，記述後に新たな考えが立ち上がって推敲を繰り返したりすることもあります。とりわけ「考えの形成」は学習過程の全部において連動させることが重要です。

■言語活動例の特徴

　「書くこと」の言語活動は，主として説明的な文章を書く言語活動，主として実用的な文章を書く言語活動，主として文学的な文章を書く言語活動の3系統に分けられています。それぞれの文章の種類や形態については，説明的な文章として，報告（経験，調査），記録（観察，見聞），説明（事象），意見などがあります。実用的な文章としては，日記，手紙，案内，お礼などが示されています。文学的な文章としては，物語，詩，短歌，俳句などを例示されています。このような日常生活に活用されるような様々な文章を書く言語活動が求められています。

■学習評価のポイント

　「書くこと」の学習評価に当たっては，一定の条件に即して行われるようにします。条件は，学習過程に沿った，各事項がそれに当たります。換言すると，①題材の設定は課題に即しているか（題材の設定），②題材に合わせた情報の収集は十分か（情報の収集），③書く内容は十分精査されているか（内容の検討），④自分の考えが明確に伝わる構成になっているか（構成の検討），⑤自分の考えを明確にし，書き方を工夫しているか（考えの形成，記述），などです。

　「書くこと」の学習評価は，成果物としての作品のみが対象となるものではありません。「書くこと」の学習過程において，試行錯誤を繰り返してよりよい表現になるよう調整しようとしている意思的な側面を評価することも大切です。また，「共有」においては，一連の文章の形成過程にわたって各自の工夫を伝え合い，自他の文章の内容や表現のよいところを注目して感想をもったり意見を伝えたりしているかなどについても適切に学習評価することが大切です。

3 「C 読むこと」の指導と評価

■指導「事項」の特徴

「読むこと」の指導「事項」は，学習過程に即し，次のような構成になっています。

○構造と内容の把握
○精査・解釈
○考えの形成
○共有

「話すこと」，「聞くこと」，「話し合うこと」，「書くこと」と同様に，「読むこと」も学習過程に沿って指導「事項」が配列されています。指導の順序性を示したものでないため，これらを順番よく指導する必要はありません。「構造と内容の把握」と「精査・解釈」については，区別して理解する必要があります。「構造と内容の把握」とは，叙述を基に，文章の構成や展開を捉えたり，内容を理解したりすることです。「精査・解釈」とは，文章の内容や形式に着目して読み，目的に応じて必要な情報を見付けることや，書かれていること，あるいは書かれていないことについて，具体的に想像することなどです。それぞれの指導「事項」が求めている内容について各学年（低・中・高学年）の系統性を踏まえて指導することが重要です。

■言語活動例の特徴

「読むこと」の言語活動は，主として説明的な文章を読んで分かったことや考えたことを表現する言語活動，主として文学的な文章を読んで内容を説明したり考えたことなどを伝え合ったりする言語活動，主として学校図書館などを利用し，本などから情報を得て活用する言語活動の3系統に分けられています。説明的な文章には，説明（事物），記録，報告，解説などの文章を取り上げています。文学的な文章は，詩，物語，伝記などを対象としています。また，学校図書館での読書対象は，図鑑や科学的なことについて書いた本，事典，新聞などを例示しています。取り上げる読書対象を広げ，豊かに言語活動を展開することが求められています。

■学習評価のポイント

「読むこと」の学習評価に当たっては，「構造と内容の把握」，「精査・解釈」，「考えの形成」，「共有」のそれぞれについての評価規準及び評価方法には差異が生じます。「構造と内容の把握」を評価する際，「叙述に基づいて適切に把握しているか」については，取り出すキーワードやキーセンテンスが重視されます。「精査・解釈」については書かれていないことまでを評価する場合があり，児童一人一人の解釈の幅に目に向けて評価することが大切です。「考えの形成」は，その拠り所として「精査・解釈」が重要であり，自分の既有の知識や様々な体験とどのように結び付けているかを問う必要があります。「共有」においては，独善的・恣意的な読みを内省したり，他者の読み方や感じ方を触れて自分の考えを広げたりしているかといった点を含めた学習評価が重要です。単に感想の交流ではなく，これまでの過程を確認して読みを再構成し吟味し，学びを意味付けるといった，自己省察が重要です。

4 児童と共有する「学びのプラン」

　中教審は,「これまで,評価規準や評価方法等の評価の方針等について,必ずしも教師が十分に児童生徒等に伝えていない場合がある」(平成31年報告)と指摘しています。そこで,Chapter1⑤5で示した,「学びのプラン」を児童と共有することが有効です。これは,単元の目標や内容,評価の方向を児童と共に確認していくものです。児童の学びの見通しと振り返りが意味あるものとなり,単元において育成すべき資質・能力に向かう主体的で対話的な深い学びの実現につながります。この「学びのプラン」は,単元の導入段階で教師と児童とのやり取りを通して完成させます。既習事項を確認し,本単元の学習課題を設定するとともに,単元全体の見通しの中で学習内容や評価内容を検討し,単元のゴールとして身に付ける(目指す)資質・能力を明確にするものです。以下,項立てに即して説明します。

☑**この単元に関わってこれまでに知っていること・できること**

　前学年まで習得してきた〔知識及び技能〕と〔思考力,判断力,表現力等〕について,単元の導入で自覚できるようにする。

☑**学習課題(みんなで解決したい問い)**

　言語活動を通して指導「事項」を指導するという国語科の方針に則り,児童が遂行していく言語活動を位置付け,教師が育成しようとする重点化された指導「事項」を含む文言に仕立てるようにする。

☑**「分かること・できること」,「考えること・表すこと」,「工夫して学ぼうとすること」**

　「分かること・できること」は「知識・技能」,「考えること・表すこと」は「思考・判断・表現」,「工夫して学ぼうとすること」は「主体的に学習に取り組む態度」に当たる。

　単元で取り上げる指導「事項」を教材の内容に合わせ,当該学年の児童が分かるような言葉を用い,キーワードを絞って表記する。

☑**ステージ(こんな学習をしてこんな力を!)・評価(たしかめ)**

　「こんな学習をして(学びで)こんな力を!」は,各ステージとして単元の導入部(第一次),展開部(第二次),終末部(第三次)に分けて設定する。各次のそれぞれの学習活動が学習課題の解決に向かう流れとなるよう,時間のまとまりを意識しながら設定する。

　「評価(たしかめ)」に記入する内容については,教師側よりその内容や方法を提示し,いつ,どのような評価が行われるかについて児童に伝えるようにする。各ステージ(次)における学びを調整する余地を残す。

　こうした考えのもと,児童と教師のやり取りを通して完成した「学びプラン」は,ＩＣＴを活用しアニメーション化して画面掲示したり,手元用として用紙で配布したりすると,単元全体のゴールイメージをもって学習を進めることができます。また,ゴールまでのプロセスを山登りのルートとして捉え,そのルートで先々の学習の有効性を検討し調整することもできます。

山登りの絵柄は，ユニバーサルデザインの発想に基づいています。視覚的にプロセスをデザインし，粘り強く学習に取り組む態度の育成につながります。毎時間の導入時に，「『学びのプラン』を見ましょう。今日は，どんな課題を設定し，どのように学習を進めていきたいですか。今日の学習の"まとめ"までの見通し（方法，形態，時間等）を立てましょう」などと問いかけて学習を進行していきます。

　次に，「『学びのプラン』の作成の仕方」について具体的に補説し，次頁に，「『学びのプラン』の完成イメージ」（第4学年「読むこと」教材名：ごんぎつね）を示します。

「学びのプラン」の作成の仕方

☑学習課題（みんなで解決したい問い）
　この欄は，単元全体を通した学習課題（みんなで解決したい問い）を示す。単元名に近い文言が考えられる。言語活動と身に付けようとする資質・能力のいずれも包含するような文言を工夫する。

☑「分かること・できること」「考えること・表すこと」「工夫して学ぼうとすること」
　この欄は，単元の評価規準を児童に分かるように平易な表現を用いて記述する。
　「分かること・できること」は「知識・技能」，「考えること・表すこと」は「思考・判断・表現」が該当する。それぞれの評価規準を教材の内容に合わせて具体的に記述する。「工夫して学ぼうとすること」は「主体的に学習に取り組む態度」に当たる。
　遂行する言語活動の目的や相手などを意識し，ゴールイメージを高める。

☑ステージ（第〇次）（　）時間　こんな学習をして（学びで）こんな力を！・評価（たしかめ）
　この欄は，第1次から第3次までのそれぞれの時間のまとまりにおいて，児童が行う主な学習活動を分かるように，簡潔に，そして平易かつ具体的な表現で記述する。加えて，その学習活動（言語活動）を通して，どのような力を身に付けるのかを記述するようにする。各次において身に付けるべき力は，上段の「分かること・できること」，「考えること・表すこと」内容を分析的に書き分けるようにする。
　「評価（たしかめ）」の枠は，教師側から提示する。いつ，どの学習活動において，どのような方法で学習評価が行われるかを示すようにする。「工夫して学ぼうとすること」（主体的に学習に取り組む態度）の学習評価は，その単元での学習を通して高まっていくことが期待される資質・能力であるので，単元の学習過程の終盤で行うことが一般的である。

☑この単元について知っていること・できること
　この欄は，学びの入口として児童がこれまでに何を学んできたかを明記する。本単元に関連した資質・能力として，既有（前単元・前学年）の〔知識及び技能〕と〔思考力，判断力，表現力等〕を想起できるようにする。教科書の各単元の最後に掲載されている手引きにまとめられている重要な内容を提示し，再確認するとよい。
　取り上げる言語活動についてのこれまでの経験や知識・技能について確認する。

単元名【読んで感じたことや考えたことをまとめよう】全（9）時間

学びの山に
のぼろう！

学習かだい（みんなでかいけつしたい問い）

ごんの思いは兵十に伝わったかについて，読んだことをもとに、感想や考えを文章にまとめよう。

学びの
プラン

分かること・できること

ア ごんの行動やつぶやいた言葉の意味が分かる。

考えること・表すこと

イ ごんの気持ちの変化を，場面のうつり変わりと結び付けて想像する。

ウ 自分の感想や考えを，物語全体を通してりかいしたことをもとにして書く。

工夫して学ぼうとすること

エ ごんの気持ちの変化を，何度も読み返して想像したり，その理由を問い直したりして，自分の感想や考えを深めようとする。

第3ステージ（2）時間

こんな学習をしてこんな力を！

⑧⑨自分の感想や考えをまとめる。

たしかめ

| ウ | ワークの内容 |
| エ | 取組のようす |

第1ステージ（3）時間

こんな学習をしてこんな力を！

①②学習かだいをつくり，かいけつの見通しとゴールをイメージする。
③場面を分け，ごんの行動を表す言葉，つぶやいた言葉を調べる。

たしかめ

ア ノートの内容

第2ステージ（4）時間

こんな学習をしてこんな力を！

④⑤うなぎのいたずらへのつぐないを続けるごんとそれを知らない兵十の様子や行動，気持ちをくわしく想像する。

⑥ごんが兵十に撃たれてしまう場面のごんと兵十の気持ちに変化を考える。

⑦学習課題に示された，ごんの思いが兵十に伝わったかどうかについて，友達と考えを交流する。

たしかめ

イ ワークの内容・話合いのようす

■この単元に関わってこれまでに知っていること・できること？（前の学年や前の単元までに）

物語の人物の気持ちは場面のうつり変わりとともに変化する。場面は，時や場所，出会う人物などで変わる。

例：学びのプラン「教材：ごんぎつね」完成までの教師の児童への働きかけ

①前学年の〇年生の国語の中でどんな物語を読んできましたか。〇月ごろに学習した〇〇という物語はどんなお話でしたか？（ストーリーテリング）その物語を読んでどのようなことを学んだか確認しましょう。

　※既習事項を確認する。「この単元に関わって知っていること・できること」の欄に，全員で確認した内容を整理する。言語活動を遂行していく中で習得してきた内容（例：学校図書館利活用等）についても触れる。こうした内容は，学習指導案の「児童観」の内容と重なる。

②皆さんがこれまで読んだ物語の中で，"動物"が主人公の物語を教えてください。

　今回，読んでいく物語は，"ごん"という名前が付いたきつねが主人公です。その"ごん"と村人の"兵十"とのやり取りを描いたものです。では，読んでいきます。初めて出てきた漢字には〇印，意味が難しい言葉には一線を引きながら聞いてください（範読）。

③初めて読んで，ア「どんなことを感じたり考えたりしましたか（感想）」，イ「どのようなことを疑
　問に思いましたか（問い）」，ウ「どのような活動を行っていきたいですか（言語活動）」の三つにつ
　いてワークシートに書きましょう。

　※第1時の終了後，個々の感想や問いを模造紙（付箋，手元用紙）などに残し，学習の意欲の持続
　　化を図る。初発の感想は，個別最適な学びに向かう原動力として，単元全体にわたって重視する。

④ワークのアを発表しましょう。（板書で整理などした後）ワークのイとウを出し合いながら，みんな
　で解決したい問いを学習全体の学習課題として設定しましょう。

　（例「ごんの思いは兵十に伝わったかについて，読んだことをもとに，感想や考えを文章にまとめよう」）

　※学習課題「みんなで解決したい問い」を書き，単元を通した探究的な学びを展開する。

　※素朴な問い，本質に迫る問いをくみ取り，子どもとのやり取り（調整）を通して，単元の目標を
　　踏まえた意味ある問いへの昇華を図る。

⑤学習全体をどのように進めていくか"学びの山"のルートを考えましょう。本単元は，全9時間です。

　■まず，「最後の結末部分を中心に考えるために場面を分け，ごんがどのように変わっていくのか，
　　ごんの行動を表す言葉やつぶやいた言葉に注目してその意味を考えましょう。そのことを，「分か
　　ること・できること」として「ア」を設定します。

　　これについて先生は，皆さんのノートの内容を見て，それぞれの学びの成果を確かめます。こう
　　した，第1ステージの学習に3時間を使っていくということでいいですか。

　■次に，ごんと兵十がすれ違う場面の様子や気持ちを詳しく想像しながら，最後に撃たれてしまう
　　場面のごんの気持ちと，撃ってしまった兵十の気持ちの変化を考えましょう。その上で，学習課
　　題「伝わったか否か」について友達と考えを交流しましょう。そのことを，「考えること・表すこ
　　と」として「イ」を設定します。

　　これについて先生は，皆さんのワークの内容や話合いの様子を観察して，それぞれの学びの成果
　　を確かめます。こうした第2ステージの学習に，4時間を使っていくことにしましょう。

　■最後に，自分の感想や考えを文章に書きまとめていきます。ここでは，「考えること・表すこと」
　　として「ウ」と，「工夫して学ぼうとすること」として「エ」を設定します。

　　「ウ」と「エ」については，皆さんのワークの内容や取組の様子を観察して，それぞれの学びの成
　　果を確かめます。こうした，第3ステージを2時間としましょう。

　※「工夫して学ぼうとすること」（主体的に学習に取り組む態度）の評価については，児童に対して
　　意思的な側面を具体的な姿（言動・ワークシートの記述等）の現れとして評価するということを
　　分かりやすく伝える。

表４　小学校国語　各学年の目標及び内容　【観点別評価内容】第１学年及び第２学年

知識及び技能	思考力，判断力，表現力等	
	事　項	言語活動例
【言葉の特徴や使い方に関する事項】 ア　言葉には，事物の内容を表す働きや，経験したことを伝える働きがあることに気付くこと。 イ　音節と文字との関係，アクセントによる語の意味の違いなどに気付くとともに，姿勢や口形，発声や発音に注意して話すこと。 ウ　長音，拗音，促音，撥音などの表記，助詞の「は」，「へ」及び「を」の使い方，句読点の打ち方，かぎ（「　」）の使い方を理解して文や文章の中で使うこと。また，平仮名及び片仮名を読み，書くとともに，片仮名で書く語の種類を知り，文や文章の中で使うこと。 エ　第１学年においては，別表の学年別漢字配当表（以下「学年別漢字配当表」という。）の第１学年に配当されている漢字を読み，漸次書き，文や文章の中で使うこと。第２学年においては，学年別漢字配当表の第２学年までに配当されている漢字を読むこと。また，第１学年に配当されている漢字を書き，文や文章の中で使うとともに，第２学年に配当されている漢字を漸次書き，文や文章の中で使うこと。 オ　身近なことを表す語句の量を増し，話や文章の中で使うとともに，言葉には意味による語句のまとまりがあることに気付き，語彙を豊かにすること。 カ　文の中における主語と述語との関係に気付くこと。 キ　丁寧な言葉と普通の言葉との違いに気を付けて使うとともに，敬体で書かれた文章に慣れること。 ク　語のまとまりや言葉の響きなどに気を付けて音読すること。 **【情報の扱い方に関する事項】** ア　共通，相違，事柄の順序など情報と情報との関係について理解すること。 **【我が国の言語文化に関する事項】** ア　昔話や神話・伝承などの読み聞かせを聞くなどして，我が国の伝統的な言語文化に親しむこと。 イ　長く親しまれている言葉遊びを通して，言葉の豊かさに気付くこと。 ウ　書写に関する次の事項を理解し使うこと。 　(ア)　姿勢や筆記具の持ち方を正しくして書くこと。 　(イ)　点画の書き方や文字の形に注意しながら，筆順に従って丁寧に書くこと。 　(ウ)　点画相互の接し方や交わり方，長短や方向などに注意して，文字を正しく書くこと。 エ　読書に親しみ，いろいろな本があることを知ること。	**A　話すこと・聞くこと＜年間35単位時間程度＞** ア　身近なことや経験したことなどから話題を決め，伝え合うために必要な事柄を選ぶこと。 イ　相手に伝わるように，行動したことや経験したことに基づいて，話す事柄の順序を考えること。 ウ　伝えたい事柄や相手に応じて，声の大きさや速さなどを工夫すること。 エ　話し手が知らせたいことや自分が聞きたいことを落とさないように集中して聞き，話の内容を捉えて感想をもつこと。 オ　互いの話に関心をもち，相手の発言を受けて話をつなぐこと。 **B　書くこと＜年間100単位時間程度＞** ア　経験したことや想像したことなどから書くことを見付け，必要な事柄を集めたり確かめたりして，伝えたいことを明確にすること。 イ　自分の思いや考えが明確になるように，事柄の順序に沿って簡単な構成を考えること。 ウ　語と語や文と文との続き方に注意しながら，内容のまとまりが分かるように書き表し方を工夫すること。 エ　文章を読み返す習慣を付けるとともに，間違いを正したり，語と語や文と文の続き方を確かめたりすること。 オ　文章に対する感想を伝え合い，自分の文章の内容や表現のよいところを見付けること。 **C　読むこと** ア　時間的な順序や事柄の順序などを考えながら，内容の大体を捉えること。 イ　場面の様子や登場人物の行動など，内容の大体を捉えること。 ウ　文章の中の重要な語や文を考えて選び出すこと。 エ　場面の様子に着目して，登場人物の行動を具体的に想像すること。 オ　文章の内容と自分の体験とを結び付けて，感想をもつこと。 カ　文章を読んで感じたことや分かったことを共有すること。	**A　話すこと・聞くこと** ア　紹介や説明，報告など伝えたいことを話したり，それらを聞いて声に出して確かめたり感想を述べたりする活動。 イ　尋ねたり応答したりするなどして，少人数で話し合う活動。 **B　書くこと** ア　身近なことや経験したことを報告したり，観察したことを記録したりするなど，見聞きしたことを書く活動。 イ　日記や手紙を書くなど，思ったことや伝えたいことを書く活動。 ウ　簡単な物語をつくるなど，感じたことや想像したことを書く活動。 **C　読むこと** ア　事物の仕組みを説明した文章などを読み，分かったことや考えたことを述べる活動。 イ　読み聞かせを聞いたり物語などを読んだりして，内容や感想などを伝え合ったり，演じたりする活動。 ウ　学校図書館などを利用し，図鑑や科学的なことについて書いた本などを読み，分かったことなどを説明する活動。

表5　小学校国語　各学年の目標及び内容　【観点別評価内容】第３学年及び第４学年

知識及び技能	思考力，判断力，表現力等	
	事　項	言語活動例
【言葉の特徴や使い方に関する事項】 ア　言葉には，考えたことや思ったことを表す働きがあることに気付くこと。 イ　相手を見て話したり聞いたりするとともに，言葉の抑揚や強弱，間の取り方などに注意して話すこと。 ウ　漢字と仮名を用いた表記，送り仮名の付け方，改行の仕方を理解して文や文章の中で使うとともに，句読点を適切に打つこと。また，第３学年においては，日常使われている簡単な単語について，ローマ字で表記されたものを読み，ローマ字で書くこと。 エ　第３学年及び第４学年の各学年においては，学年別漢字配当表の当該学年までに配当されている漢字を読むこと。また，当該学年の前の学年までに配当されている漢字を書き，文や文章の中で使うとともに，当該学年に配当されている漢字を漸次書き，文や文章の中で使うこと。 オ　様子や行動，気持ちや性格を表す語句の量を増し，話や文章の中で使うとともに，言葉には性質や役割による語句のまとまりがあることを理解し，語彙を豊かにすること。 カ　主語と述語との関係，修飾と被修飾との関係，指示する語句と接続する語句の役割，段落の役割について理解すること。 キ　丁寧な言葉を使うとともに，敬体と常体との違いに注意しながら書くこと。 ク　文章全体の構成や内容の大体を意識しながら音読すること。 【情報の扱い方に関する事項】 ア　考えとそれを支える理由や事例，全体と中心など情報と情報との関係について理解すること。 イ　比較や分類の仕方，必要な語句などの書き留め方，引用の仕方や出典の示し方，辞書や事典の使い方を理解し使うこと。 【我が国の言語文化に関する事項】 ア　易しい文語調の短歌や俳句を音読したり暗唱したりするなどして，言葉の響きやリズムに親しむこと。 イ　長い間使われてきたことわざや慣用句，故事成語などの意味を知り，使うこと。 ウ　漢字が，へんやつくりなどから構成されていることについて理解すること。 エ　書写に関する次の事項を理解し使うこと。 　　　＜毛筆：年間30単位時間程度＞ 　(ｱ)　文字の組立て方を理解し，形を整えて書くこと。 　(ｲ)　漢字や仮名の大きさ，配列に注意して書くこと。 　(ｳ)　毛筆を使用して点画の書き方への理解を深め，筆圧などに注意して書くこと。 オ　幅広く読書に親しみ，読書が，必要な知識や情報を得ることに役立つことに気付くこと。	A　話すこと・聞くこと＜年間30単位時間程度＞ ア　目的を意識して，日常生活の中から話題を決め，集めた材料を比較したり分類したりして，伝え合うために必要な事柄を選ぶこと。 イ　相手に伝わるように，理由や事例などを挙げながら，話の中心が明確になるよう話の構成を考えること。 ウ　話の中心や話す場面を意識して，言葉の抑揚や強弱，間の取り方などを工夫すること。 エ　必要なことを記録したり質問したりしながら聞き，話し手が伝えたいことや自分が聞きたいことの中心を捉え，自分の考えをもつこと。 オ　目的や進め方を確認し，司会などの役割を果たしながら話し合い，互いの意見の共通点や相違点に着目して，考えをまとめること。 B　書くこと＜年間85単位時間程度＞ ア　相手や目的を意識して，経験したことや想像したことなどから書くことを選び，集めた材料を比較したり分類したりして，伝えたいことを明確にすること。 イ　書く内容の中心を明確にし，内容のまとまりで段落をつくったり，段落相互の関係に注意したりして，文章の構成を考えること。 ウ　自分の考えとそれを支える理由や事例との関係を明確にして，書き表し方を工夫すること。 エ　間違いを正したり，相手や目的を意識した表現になっているかを確かめたりして，文や文章を整えること。 オ　書こうとしたことが明確になっているかなど，文章に対する感想や意見を伝え合い，自分の文章のよいところを見付けること。 C　読むこと ア　段落相互の関係に着目しながら，考えとそれを支える理由や事例との関係などについて，叙述を基に捉えること。 イ　登場人物の行動や気持ちなどについて，叙述を基に捉えること。 ウ　目的を意識して，中心となる語や文を見付けて要約すること。 エ　登場人物の気持ちの変化や性格，情景について，場面の移り変わりと結び付けて具体的に想像すること。 オ　文章を読んで理解したことに基づいて，感想や考えをもつこと。 カ　文章を読んで感じたことや考えたことを共有し，一人一人の感じ方などに違いがあることに気付くこと。	A　話すこと・聞くこと ア　説明や報告など調べたことを話したり，それらを聞いたりする活動。 イ　質問するなどして情報を集めたり，それらを発表したりする活動。 ウ　互いの考えを伝えるなどして，グループや学級全体で話し合う活動。 B　書くこと ア　調べたことをまとめて報告するなど，事実やそれを基に考えたことを書く活動。 イ　行事の案内やお礼の文章を書くなど，伝えたいことを手紙に書く活動。 ウ　詩や物語をつくるなど，感じたことや想像したことを書く活動。 C　読むこと ア　記録や報告などの文章を読み，文章の一部を引用して，分かったことや考えたことを説明したり，意見を述べたりする活動。 イ　詩や物語などを読み，内容を説明したり，考えたことなどを伝え合ったりする活動。 ウ　学校図書館などを利用し，事典や図鑑などから情報を得て，分かったことなどをまとめて説明する活動。

表6　小学校国語　各学年の目標及び内容　【観点別評価内容】第５学年及び第６学年

知識及び技能	思考力，判断力，表現力等	
	事　項	言語活動例
【言葉の特徴や使い方に関する事項】 ア　言葉には，相手とのつながりをつくる働きがあることに気付くこと。 イ　話し言葉と書き言葉との違いに気付くこと。 ウ　文や文章の中で漢字と仮名を適切に使い分けるとともに，送り仮名や仮名遣いに注意して正しく書くこと。 エ　第５学年及び第６学年の各学年においては，学年別漢字配当表の当該学年までに配当されている漢字を読むこと。また，当該学年の前の学年までに配当されている漢字を書き，文や文章の中で使うとともに，当該学年に配当されている漢字を漸次書き，文や文章の中で使うこと。 オ　思考に関わる語句の量を増し，話や文章の中で使うとともに，語句と語句との関係，語句の構成や変化について理解し，語彙を豊かにすること。また，語感や言葉の使い方に対する感覚を意識して，語や語句を使うこと。 カ　文の中での語句の係り方や語順，文と文との接続の関係，話や文章の構成や展開，話や文章の種類とその特徴について理解すること。 キ　日常よく使われる敬語を理解し使い慣れること。 ク　比喩や反復などの表現の工夫に気付くこと。 ケ　文章を音読したり朗読したりすること。 【情報の扱い方に関する事項】 ア　原因と結果など情報と情報との関係について理解すること。 イ　情報と情報との関係付けの仕方，図などによる語句と語句との関係の表し方を理解し使うこと。 【我が国の言語文化に関する事項】 ア　親しみやすい古文や漢文，近代以降の文語調の文章を音読するなどして，言葉の響きやリズムに親しむこと。 イ　古典について解説した文章を読んだり作品の内容の大体を知ったりすることを通して，昔の人のものの見方や感じ方を知ること。 ウ　語句の由来などに関心をもつとともに，時間の経過による言葉の変化や世代による言葉の違いに気付き，共通語と方言との違いを理解すること。また，仮名及び漢字の由来，特質などについて理解すること。 エ　書写に関する次の事項を理解し使うこと。 　＜毛筆：年間30単位時間程度＞ 　(ア)　用紙全体との関係に注意して，文字の大きさや配列などを決めるとともに，書く速さを意識して書くこと。 　(イ)　毛筆を使用して，穂先の動きと点画のつながりを意識して書くこと。 　(ウ)　目的に応じて使用する筆記具を選び，その特徴を生かして書くこと。 オ　日常的に読書に親しみ，読書が，自分の考えを広げることに役立つことに気付くこと。	A　話すこと・聞くこと＜年間25単位時間程度＞ ア　目的や意図に応じて，日常生活の中から話題を決め，集めた材料を分類したり関係付けたりして，伝え合う内容を検討すること。 イ　話の内容が明確になるように，事実と感想，意見とを区別するなど，話の構成を考えること。 ウ　資料を活用するなどして，自分の考えが伝わるように表現を工夫すること。 エ　話し手の目的や自分が聞こうとする意図に応じて，話の内容を捉え，話し手の考えと比較しながら，自分の考えをまとめること。 オ　互いの立場や意図を明確にしながら計画的に話し合い，考えを広げたりまとめたりすること。 B　書くこと＜年間55単位時間程度＞ ア　目的や意図に応じて，感じたことや考えたことなどから書くことを選び，集めた材料を分類したり関係付けたりして，伝えたいことを明確にすること。 イ　筋道の通った文章となるように，文章全体の構成や展開を考えること。 ウ　目的や意図に応じて簡単に書いたり詳しく書いたりするとともに，事実と感想，意見とを区別して書いたりするなど，自分の考えが伝わるように書き表し方を工夫すること。 エ　引用したり，図表やグラフなどを用いたりして，自分の考えが伝わるように書き表し方を工夫すること。 オ　文章全体の構成や書き表し方などに着目して，文や文章を整えること。 カ　文章全体の構成や展開が明確になっているかなど，文章に対する感想や意見を伝え合い，自分の文章のよいところを見付けること。 C　読むこと ア　事実と感想，意見などとの関係を叙述を基に押さえ，文章全体の構成を捉えて要旨を把握すること。 イ　登場人物の相互関係や心情などについて，描写を基に捉えること。 ウ　目的に応じて，文章と図表などを結び付けるなどして必要な情報を見付けたり，論の進め方について考えたりすること。 エ　人物像や物語などの全体像を具体的に想像したり，表現の効果を考えたりすること。 オ　文章を読んで理解したことに基づいて，自分の考えをまとめること。 カ　文章を読んでまとめた意見や感想を共有し，自分の考えを広げること。	A　話すこと・聞くこと ア　意見や提案など自分の考えを話したり，それらを聞いたりする活動。 イ　インタビューなどをして必要な情報を集めたり，それらを発表したりする活動。 ウ　それぞれの立場から考えを伝えるなどして話し合う活動。 B　書くこと ア　事象を説明したり意見を述べたりするなど，考えたことや伝えたいことを書く活動。 イ　短歌や俳句をつくるなど，感じたことや想像したことを書く活動。 ウ　事実や経験を基に，感じたり考えたりしたことや自分にとっての意味について文章に書く活動。 C　読むこと ア　説明や解説などの文章を比較するなどして読み，分かったことや考えたことを，話し合ったり文章にまとめたりする活動。 イ　詩や物語，伝記などを読み，内容を説明したり，自分の生き方などについて考えたことを伝え合ったりする活動。 ウ　学校図書館などを利用し，複数の本や新聞などを活用して，調べたり考えたりしたことを報告する活動。

Chapter ④

事例でみる
小学校国語科の
授業と学習評価

1 わけをはっきりさせて，お気に入りのばしょのしょうかいをしよう

はなしたいな　ききたいな（東京書籍）
すきな　もの，なあに（光村図書）
なつの　おもいでを　はなそう（教育出版）

1　単元の概要

　本単元では，「知識及び技能」の「(1)言葉の特徴や使い方に関する事項」の「言葉遣い」，「思考力，判断力，表現力等」の「Ａ　話すこと・聞くこと」の「話題の設定，情報の収集，内容の検討」を取り上げる。これらの指導「事項」を身に付けることができるように，学習課題「わけをはっきりさせて，『お気に入りのばしょはっぴょうかい』をしよう。」を設定し，全6時間で単元の指導と評価を構想する。

学びのプラン

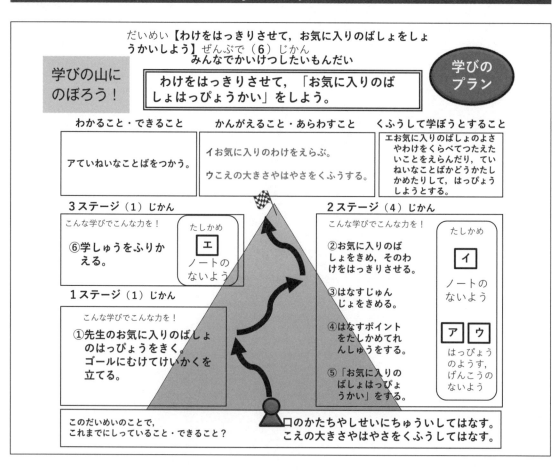

2　単元の目標

知識及び技能	思考力，判断力，表現力等	学びに向かう力，人間性等
・丁寧な言葉と普通の言葉との違いに気を付けて使うことができる。　　　((1)キ)	・身近なことや経験したことなどから話題を決め，伝え合うために必要な事柄を選ぶことができる。　　　　　　　(A(1)ア) ・伝えたい事柄や相手に応じて，声の大きさや速さなどを工夫することができる。　　　(A(1)ウ)	・言葉がもつよさを感じるとともに，楽しんで読書をし，国語を大切にして，思いや考えを伝え合おうとする。

3　単元で取り上げる言語活動とその特徴

　本単元では，言語活動例「ア　紹介や説明，報告など伝えたいことを話したり，それらを聞いて声に出して確かめたり感想を述べたりする活動」を具現化し，学校の中のお気に入りの場所を発表する活動を取り上げる。本活動では，校内におけるお気に入りの場所について，そのよさやお気に入りの理由について学級の友達に伝わるように，一番伝えたいお気に入りの場所やその理由を選んで発表をする。これらの活動を通して，目的や相手に応じて，伝え合うために必要な事柄かどうか判断する能力を育成することができる。

　本単元の〔知識及び技能〕の目標の関連において，発表会という形式で学級の皆にお気に入りの場所を伝え合うという場面で，丁寧な言葉を使って話すことが適切であることを理解した上で，普通の言葉と丁寧な言葉を使い分けてお気に入りの場所を発表できるようにする。

4　単元の評価規準

知識・技能	思考・判断・表現	主体的に学習に取り組む態度
①丁寧な言葉と普通の言葉との違いに気を付けて使っている。　　　((1)キ)	①「話すこと・聞くこと」において，身近なことや経験したことなどから話題を決め，伝え合うために必要な事柄を選んでいる。(A(1)ア) ②「話すこと・聞くこと」において，伝えたい事柄や相手に応じて，声の大きさや速さなどを工夫しようとしている。　　　　　(A(1)ウ)	①丁寧な言葉と普通の言葉の違いに気付き，お気に入りの場所発表会を通して，話題を決め，伝え合うために必要な事柄を選ぶことに向けた粘り強い取組を行う中で，自らの学習を調整しようとしている。

5 単元の指導と評価の計画（全6時間）

次	時	育成する資質・能力 と指導上の留意点	評価規準・評価方法等 【B】おおむね満足できる状況	主な学習活動
一	1	<学習課題> わけをはっきりさせて，「お気に入りのばしょはっぴょうかい」をしよう。		・学習課題と学びのプランを確認し，学習の見通しをもつ。
二	2 3 4 5	「話すこと・聞くこと」において，身近なことや経験したことなどから話題を決め，伝え合うために必要な事柄を選んでいる。（A(1)ア）【思考・判断・表現①：ノートの記述の分析】		
		・お気に入りの場所を選んだ理由を三つ程度書いた上で，どの理由を選んで発表すればよいのか明確にするために話合いの場を設定する。	【B】いくつかのお気に入りの場所のよさや選んだ理由を比べて，伝えたいことを一つ選び，選んだ理由を説明している。 <学びのプラン> お気に入りのわけをえらぶ。（かんがえること・あらわすことイ）	・候補になりそうな具体的な場所を想起する。 ・聞き手に一番伝えたいお気に入りの場所とその理由を明確にする。
		「話すこと・聞くこと」において，伝えたい事柄や相手に応じて，声の大きさや速さなどを工夫しようとしている。（A(1)ウ）【思考・判断・表現②：話している様子の観察・発表原稿の内容の確認】		
		・教師がモデルを示し，大事なところを大きな声でゆっくり話す効果に気付けるようにする。 ・発表原稿で，工夫して話したいところを青で囲み，意識して話すようにする。	【B】大事なところを大きな声でゆっくり話すことができているか，動画や友達の助言をもとに，自分の話し方を見直して直そうとしている。 <学びのプラン> こえの大きさやはやさをくふうする。（かんがえること・あらわすことウ）	・話す順序を決めて，発表原稿を書く。 ・話す練習をしている様子を動画に撮ったり，聞いている友達から助言をもらったりして，話し方を修正する。
		丁寧な言葉と普通の言葉との違いに気を付けて使っている。【知識・技能①：話している様子の観察・発表原稿の内容の確認】		
		・丁寧な言葉で話した発表と普通の言葉で話した発表を比べ，言葉の遣い方や聞き手が受ける印象の違いに気付けるようにする。 ・発表の原稿で，丁寧な言葉を使うところを赤で囲み，意識して話すようにする。	【B】発表原稿の言葉を丁寧な言葉で書き直したり，丁寧な言葉を使っているところを赤で囲ったり，丁寧な言葉を使って話したりするなど，丁寧な言葉と普通の言葉の違いに気を付けている。 <学びのプラン> ていねいなことばをつかう。（わかること・できることア）	・丁寧な言葉と普通の言葉の違いを確かめて，練習をする。 ・聞き手に伝わるように，声の大きさや速さ，言葉遣いに気を付けてお気に入りの場所について発表する。 ・発表会の感想を伝え合う。
三	6	丁寧な言葉と普通の言葉の違いに気付き，お気に入りの場所発表会を通して，話題を決め，伝え合うために必要な事柄を選ぶことに向けた粘り強い取組を行う中で，自らの学習を調整しようとしている。【主体的に学習に取り組む態度①：ノートの記述の分析】		
		・振り返りの例文を示し，学びのプランやノートを基に，必要な事柄を選んだり，言葉遣いに気を付けたりしたかどうかについて，振り返るよう促す。	【B】発表会に向けて，粘り強く必要な事柄を選んだり，言葉遣いに気を付けたりしたことについて記述している。 <学びのプラン> お気に入りのばしょのよさやわけをくらべてつたえたいことをえらんだり，ていねいなことばかどうかたしかめたりして，はっぴょうしようとする。（くふうして学ぼうとすることエ）	・今までのノートや発表を聞いた友達からの感想を読み，学習を振り返る。

6 評価規準に基づく学習評価のポイント

＜第二次＞

【思考・判断・表現①】「話すこと・聞くこと」において，身近なことや経験したことなどから話題を決め，伝え合うために必要な事柄を選んでいる。

　伝えたいことを決めるためのノートへの記述内容から評価する。ここでは，ノートお気に入りの場所を選んだ理由を三つ程度書くようにし，一番伝えたい理由を一つ選んで印を付けるように指導をする。そのために，話合いでは，候補となる場所で普段よくしていることや，思い出などについて友達に説明し，お気に入りの場所に対する自分の思いを明確にできるようにする。選んだ理由を明確に説明している児童を「おおむね満足できる」状況（B）とする。

【思考・判断・表現②】「話すこと・聞くこと」において，伝えたい事柄や相手に応じて，声の大きさや速さなどを工夫しようとしている。

　発表会に向けて話す練習をしている様子の状況と発表原稿の記述内容から評価する。ここでは，大事なところを大きな声でゆっくりと話すと伝わりやすくなることに気付けるように，教師がモデルを示す。また，発表原稿で，特に伝えたいところに印を付けて，声の大きさや速さを意識して話せるようにする。話す様子を撮った動画や，聞き手からもらった助言を基に，声の大きさや速さを直しながら練習をしている児童を「おおむね満足できる」状況（B）とする。

【知識・技能①】丁寧な言葉と普通の言葉との違いに気を付けて使っている。

　発表原稿の記述内容や，発表会で話している様子の状況から評価する。ここでは，発表会にふさわしい丁寧な言葉について普通の言葉と比べながら説明をし，特に文末の表現に注目をして発表原稿を見直すように指導をする。また，発表原稿で，丁寧な言葉を使っているところに印を付けることで意識して話せるようにする。発表原稿の言葉を丁寧な言葉に書き直したり，意識して丁寧な言葉を使ったりしている児童を「おおむね満足できる」状況（B）とする。

＜第三次＞

【主体的に学習に取り組む態度①】丁寧な言葉と普通な言葉の違いに気付き，お気に入りの場所発表会を通して，話題を決め，伝え合うために必要な事柄を選ぶことに向けた粘り強い取組を行う中で，自らの学習を調整しようとしている。

　話題を決め，必要な事柄を選ぶために試行錯誤したことについて，振り返りのノートの記述から評価する。ここでは，どのようにして話題を決め，どのようにして必要な事柄を選んだのかについて記述するよう指導する。記述の内容として，「えらんだばしょのよさやわけをくらべて，ともだちにわけをいちばんはっきりせつめいできたものがどれかかんがえてえらんだので，はっぴょうかいでつたえたいことをつたえることができました」等，粘り強く繰り返し考えて学習しようとしたと判断できる児童を「おおむね満足できる」状況（B）とする。

2　おれいの手がみをなんどもよみかえしながらかこう

てがみで　しらせよう（光村図書）
おもい出して　かこう（東京書籍）
しらせたい　ことを　かこう（教育出版）

1　単元の概要

　本単元では，〔知識及び技能〕の「(1)言葉の特徴や使い方に関する事項」の「言葉遣い」，〔思考力，判断力，表現力等〕の「B　書くこと」の「考えの形成，記述」及び「推敲」を取り上げる。

　これらの指導「事項」を身に付けることができるように，学習課題「ありがとうの気もちがつたわるように，なんどもよみかえしながらおれいの手がみをかこう。」を設定し，全6時間で単元の指導と評価を構想する。

学びのプラン

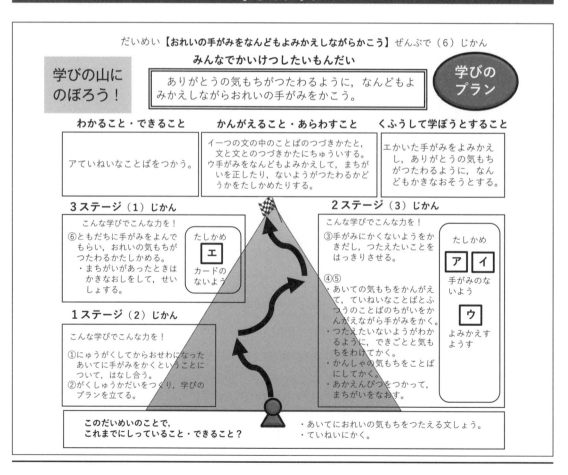

2 単元の目標

知識及び技能	思考力，判断力，表現力等	学びに向かう力，人間性等
・丁寧な言葉と普通の言葉との違いに気を付けて使うとともに，敬体で書かれた文章に慣れることができる。　　　　((1)キ)	・語と語や文と文との続き方に注意しながら，内容のまとまりが分かるように書き表し方を工夫することができる。　　　　(B(1)ウ) ・文章を読み返す習慣を付けるとともに，間違いを正したり，語と語や文と文との続き方を確かめたりすることができる。　　　　(B(1)エ)	・言葉がもつよさを感じるとともに，楽しんで読書をし，国語を大切にして，思いや考えを伝え合おうとする。

3 単元で取り上げる言語活動とその特徴

　本単元では，言語活動例「イ　日記や手紙を書くなど，思ったことや伝えたいことを書く活動」を具体化し，お礼の手紙を書く活動を取り上げる。本活動では，入学してからお世話になった出来事を思い出し，その相手に感謝の気持ちを伝えるためにお礼の手紙を書く。感謝の気持ちを伝えるという目的意識と，誰に書くのかという相手意識をもつことで，伝えようとする内容が明確になるとともに，相手に伝わるように書き表し方を工夫することが必要であることに気付くことができる。

　本単元の〔知識及び技能〕の目標との関連においては，手紙を書くことを通して丁寧な言葉の使い方ができるようにする。〔思考力，判断力，表現力等〕の目標との関連においては，出来事とその時の気持ちなどを分けて書くなど，伝える内容のまとまりが分かるような書き表し方を工夫できるようにすること，文章を読み返す習慣を身に付け，間違いを正したり，語と語や文と文とのつながりを確かめたりすることができるようにする。本単元では，後者に重点を置く。

4 単元の評価規準

知識・技能	思考・判断・表現	主体的に学習に取り組む態度
①丁寧な言葉と普通の言葉との違いに気を付けて使うとともに，敬体で書かれた文章に慣れている。　　　　((1)キ)	①「書くこと」において，語と語や文と文との続き方に注意しながら，内容のまとまりが分かるように書き表し方を工夫している。　　　　(B(1)ウ) ②「書くこと」において，文章を読み返す習慣を付けているとともに，間違いを正したり，語と語や文と文との続き方を確かめたりしている。　　　　(B(1)エ)	①丁寧な言葉と普通の言葉との違いに気を付け，お礼の手紙を書く活動を通して，間違いを正したり，語と語や文と文との続き方を確かめたりすることに向けた粘り強い取組を行う中で，自らの学習を調整しようとしている。

5 単元の指導と評価の計画（全6時間）

次	時	育成する資質・能力と指導上の留意点	評価規準・評価方法等【B】おおむね満足できる状況		主な学習活動
一	1 2	<学習課題> ありがとうの気もちがつたわるように，なんどもよみかえしながらおれいの手がみをかこう。			・入学してからお世話になった相手に手紙を書くことについて話し合う。 ・学習課題を確認し，学びのプランで学習の見通しをもつ。
二	3				・手紙に書く内容（いつ・どこで・何があったのかなど）を書き出し，伝えたいことを明確にする。
	4 5	丁寧な言葉と普通の言葉との違いに気を付けて使うとともに，敬体で書かれた文章に慣れている。((1)キ)【知識・技能①：手紙の記述内容の確認】			
		・手紙の文例を示し，これまで書いてきた文章との違いに気付くようにする。	【B】丁寧な言葉を使って手紙を書いている。 <学びのプラン> ていねいなことばをつかう。（わかること・できることア）		・相手意識をもって，丁寧な言葉と普通の言葉との違いを考えながら手紙を書く。
		「書くこと」において，語と語や文と文との続き方に注意しながら，内容のまとまりが分かるように書き表し方を工夫している。(B(1)ウ)【思考・判断・表現①：手紙の記述内容の点検】			
		・出来事と気持ちを分けて書くように文例を示す。	【B】内容のまとまりが分かるように書き表し方を工夫している。 <学びのプラン> 一つの文の中のことばのつづきかたと，文と文とのつづきかたにちゅういする。（かんがえること・あらわすことイ）		・伝えたいことの内容が分かるように出来事と気持ちを分けて書く。 ・感謝の気持ちを言葉にして書く。
		「書くこと」において，文章を読み返す習慣を付けているとともに，間違いを正したり，語と語や文と文との続き方を確かめたりしている。(B(1)エ)【思考・判断・表現②：読み返す様子の観察】			
		・誤字や脱字，句読点を含めて推敲の観点を示す。	【B】何度も読み返して，間違いを正したり，内容を確かめたりしようとしている。 <学びのプラン> 手がみをなんどもよみかえして，まちがいを正したり，ないようがつたわるかどうかをたしかめたりする。（かんがえること・あらわすことウ）		・赤鉛筆を使って，推敲をする。
三	6	丁寧な言葉と普通の言葉との違いに気を付け，お礼の手紙を書く活動を通して，間違いを正したり，語と語や文と文との続き方を確かめたりすることに向けた粘り強い取組を行う中で，自らの学習を調整しようとしている。【主体的に学習に取り組む態度①：カードの記述内容の分析等】			
		・学習したことを振り返りができるように，観点を明確にしたカードを活用する。	【B】手紙を読み返し，お礼の気持ちが伝わる内容や書き方になっているか確かめたり，書き直したりして清書している。 <学びのプラン> かいた手がみをよみかえし，ありがとうの気もちがつたわるように，なんどもかきなおそうとする。（くふうして学ぼうとすることエ）		・友達に手紙を読んでもらい，お礼の手紙が伝わるかどうか確かめる。 ・間違いがあったときは書き直して清書する。

6　評価規準に基づく学習評価のポイント

＜第二次＞

【知識・技能①】丁寧な言葉と普通の言葉との違いに気を付けて使うとともに，敬体で書かれた文章に慣れている。

　児童の手紙の記述内容を確認し評価する。ここでは，敬体と常体で書いた文例を示し，相手によって丁寧な言葉で書くときと普通の言葉で書くときがあることに気付くように指導する。

　お礼の手紙は丁寧な言葉で書くことを理解し，「です」，「ます」等を使ったり，お礼の言葉を手紙に書いたりしていると判断できる児童を「おおむね満足できる」状況（B）とする。

【思考・判断・表現①】「書くこと」において，語と語や文と文との続き方に注意しながら，内容のまとまりが分かるように書き表し方を工夫している。

　児童の記述内容を点検し評価する。ここでは，出来事とそのときの気持ちを分けて書くことのよって相手に伝えたいことが分かりやすくなることを，文例（出来事と気持ちが混在した例と分けた例）を基にすることで理解できるように指導する。

　手紙に書かれている内容が，語と語，文と文の続き方に注意しており，内容がまとまっていると判断できる児童を「おおむね満足できる」状況（B）とする。

【思考・判断・表現②】「書くこと」において，文章を読み返す習慣を付けているとともに，間違いを正したり，語と語や文と文との続き方を確かめたりしている。

　児童が手紙を読み返す様子を観察し評価する。ここでは，「いつ・どこで・何があったのか・伝えたいこと」を観点として，語と語，文と文との続き方を確かめて書くように指導する。

　学習したことを基に手紙を読み返しながら間違いを正したり，内容を見直して相手に伝わるかどうかを確かめたりしていると判断できる児童を「おおむね満足できる」状況（B）とする。

＜第三次＞

【主体的に学習に取り組む態度①】丁寧な言葉と普通の言葉との違いに気を付け，お礼の手紙を書く活動を通して，間違いを正したり，語と語や文と文との続き方を確かめたりすることに向けた粘り強い取組を行う中で，自らの学習を調整しようとしている。

　単元の最後に活用する振り返りカードの記述内容を分析し評価する。また，最終的に手紙を清書する様子を加味して評価する。ここでは，単元の最終段階において，本単元の学習課題を解決するために学習してきたことを振り返るように指導する。振り返りの観点としては，自分が書いた手紙に感謝の気持ちが込められているかを確認しようとしたか，教師や友達に間違いを正してもらったり，気付いたことを教えてもらったりしたことを受け止め，感謝の気持ちが伝わるように何度も書き直そうとしたかなどである。

　振り返りの記述内容の分析により，粘り強い取組や学習を調整しようとする意思と実際に手紙を清書している様子とが整合していると判断できる児童を「おおむね満足できる」状況（B）とする。

3 じゅんじょに気をつけながらくらべてよみ，わかったことやかんがえたことをつたえよう

どうぶつの　赤ちゃん（光村図書）

1　単元の概要

　本単元では，〔知識及び技能〕の「(2)情報の扱い方に関する事項」の「情報と情報の関係」，〔思考力，判断力，表現力等〕の「C　読むこと」の「精査・解釈」を取り上げる。これらの指導「事項」を身に付けることができるように，学習課題「じゅんじょに気をつけながらどうぶつの赤ちゃんをくらべ，わかったことやかんがえたことをつたえよう。」を設定し，全10時間で単元の指導と評価を構想する。

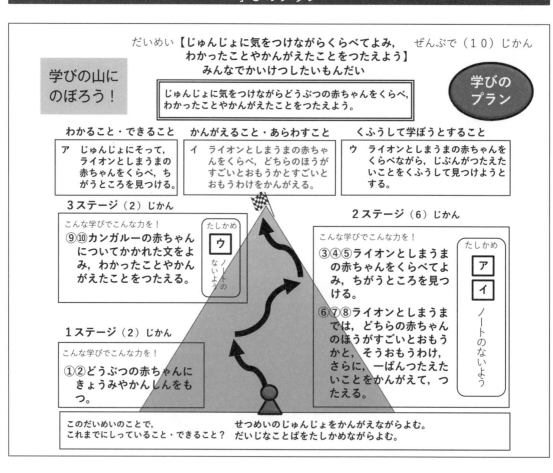

2 単元の目標

知識及び技能	思考力，判断力，表現力等	学びに向かう力，人間性等
・共通，相違，事柄の順序など情報と情報との関係について理解することができる。((2)ア)	・文章の中の重要な語や文を考えて選び出すことができる。(C(1)ウ)	・言葉がもつよさを感じるとともに，楽しんで読書をし，国語を大切にして，思いや考えを伝え合おうとする。

3 単元で取り上げる言語活動とその特徴

　本単元では，言語活動例「ア　事物の仕組みを説明した文章などを読み，分かったことや考えたことを述べる活動」を具体化し，動物の赤ちゃんについて書かれた文章を読み，分かったことや考えたことを述べる活動を取り上げる。本活動では，「どうぶつの　赤ちゃん」（光村図書1年下）を読み，ライオンとしまうまの赤ちゃんを比べる。ライオンとしまうまの赤ちゃんを比べながら読むことで，「生まれたばかりの様子」，「大きくなっていく様子（移動の仕方，食べ物の取り方）」という観点に基づいた順序を捉える。観点に沿って，ライオンとしまうまの赤ちゃんの相違点を明確にした後，どちらの赤ちゃんの方がすごいと思うかについて考える。複数の観点の中で，初めて知ったことやなるほどと思ったことなど自分が一番心に残ったことや心に残った理由，さらには，ライオンとしまうまの赤ちゃんを比較して気付いたことや考えたことを述べる。このような活動を通して，順序に関わって文章の中で重要になる語や文，自分の思いや考えをもつことに強く影響した語や文を選ぶ能力を育成することができる。

　本単元の〔思考力，判断力，表現力等〕の目標との関連において，「生まれたばかりの様子」，「大きくなっていく様子（移動の仕方，食べ物の取り方）」という順序に沿った複数の観点の中で，自分が一番心惹かれ「伝えたい」と思うことを意識しながら，それを伝えるために重要だと考えられる語や文を文章の中から見付けることができるようにする。

4 単元の評価規準

知識・技能	思考・判断・表現	主体的に学習に取り組む態度
①共通，相違，事柄の順序など情報と情報との関係について理解している。((2)ア)	①「読むこと」において，文章の中の重要な語や文を考えて選び出している。(C(1)ウ)	①共通，相違，事柄の順序など情報と情報との関係を理解し，動物の赤ちゃんについて分かったことや考えたことを述べる活動を通して，観点ごとに順序に沿って読みながら必要な情報を選び出すことに向けた粘り強い取組を行う中で，自らの学習を調整しようとしている。

5 単元の指導と評価の計画（全10時間）

次	時	育成する資質・能力と指導上の留意点	評価規準・評価方法等【B】おおむね満足できる状況	主な学習活動
一	1 2	<学習課題> じゅんじょに気をつけながらどうぶつの赤ちゃんをくらべ，わかったことやかんがえたことをつたえよう。		・動物の赤ちゃんの写真を見たり，教師の範読を聞いたりして興味・関心をもつ。
二	3 4 5	共通，相違，事柄の順序など情報と情報との関係について理解している。（(2)ア）【知識・技能①：ノートの記述の分析】		
		・問いの文と主語に着目させることで，三つの文章のまとまりに気付かせ，観点に基づいた順序を捉えられるようにする。・ライオンとしまうまの赤ちゃんを比較し言葉で述べることで，事柄同士の様子について相違点を見いだすことができるようにする。	【B】どんな順序で説明されているかに気付き，観点に基づいた順序に沿って，ライオンとしまうまの赤ちゃんの様子を比べ，相違点を見つけている。<学びのプラン>じゅんじょにそって，ライオンとしまうまの赤ちゃんをくらべ，ちがうところを見つける。（わかること・できることア）	・「生まれたばかりの様子」，「大きくなっていく様子（移動の仕方，食べ物の取り方）」という観点に基づいた順序を捉える。・事柄同士の様子を比較し，「ライオンの赤ちゃんは〜だけど，しまうまの赤ちゃんは〜」という文型を使って相違点を述べる。
	6 7 8	「読むこと」において，文章の中の重要な語や文を考えて選び出している。（C(1)ウ）【思考・判断・表現①：ノートの記述の分析】		
		・ライオンとしまうまの赤ちゃんを比較し，どちらの赤ちゃんがすごいと思うか示し，そう考える理由を述べることで，自分の思いや考えをもつことに強く影響した語や文を選び出すことができるようにする。	【B】ライオンとしまうまの赤ちゃんを比較し，自分の思いや考えをもつことに強く影響した語や文を選び出し，どちらの方がすごいと思うか示し，そう考える理由を述べている。<学びのプラン>ライオンとしまうまの赤ちゃんをくらべ，どちらのほうがすごいとおもうかとすごいとおもうわけをかんがえる。（かんがえること・あらわすことイ）	・ライオンとしまうまの赤ちゃんを比べ，どちらの方がすごいと思うかとそう考える理由を述べる。
三	9 10	共通，相違，事柄の順序など情報と情報との関係を理解し，動物の赤ちゃんについて分かったことや考えたことを述べる活動を通して，観点ごとに順序に沿って読みながら必要な情報を選び出すことに向けて粘り強い取組を行う中で，自らの学習を調整しようとしている。【主体的に学習に取り組む態度①：ノートの記述の分析】		
		・これを伝えたいという思いを実現させるため友達や教師との関わりの中で自身の学びを見つめて，それをよりよくするための試行錯誤を図ることができるようにする。	【B】友達との関わりを通して選び出した情報を確認し，伝えたいことを見直そうとしている。<学びのプラン>ライオンとしまうまの赤ちゃんとくらべながら，じぶんがつたえたいことをくふうして見つけようとする。（くふうして学ぼうとすることウ）	・友達と交流した上で，伝えたいことを見直し，よりよくする。・カンガルーの赤ちゃんを読み，分かったことや考えたことを伝える。

6 評価規準に基づく学習評価のポイント

＜第二次＞

【知識・技能①】共通，相違，事柄の順序など情報と情報との関係について理解している。

　ライオンとしまうまの赤ちゃんの事柄同士の様子を比較し，相違点を述べたノートの記述内容から評価する。ここでは，相違点を言葉で説明するよう指導する。例えば「ライオンの赤ちゃんは，生まれたときは，目や耳はとじたままで，よわよわしくて，おかあさんにあまりにていないけれど，しまうまの赤ちゃんは，生まれたときから目はあいていて，耳もぴんと立っていて，しまのもようもついていて，おかあさんにそっくりです」のように，文型を活用し，相違点を述べている児童を「おおむね満足できる」状況（B）とする。

【思考・判断・表現①】「読むこと」において，文章の中の重要な語や文を考えて選び出している。

　ライオンとしまうまの赤ちゃんを比較して，どちらの赤ちゃんの方がすごいと思うかを示し，その理由を述べたノートの記述内容から評価する。ここでは，自分の思いや考えをもつことに強く影響した語や文を考えて選び出すよう指導する。例えば「わたしは，しまうまの赤ちゃんのほうがすごいとおもいます。なぜかというと，ライオンの赤ちゃんはじぶんではあるくことができないので，よそへいくときは，おかあさんに，口にくわえてはこんでもらうけれど，しまうまの赤ちゃんは，生まれて三十ぷんもたたないうちに，じぶんで立ち上がり，つぎの日には，はしるようになるからです。しまうまの赤ちゃんが，すぐに，はしるようになるのは，つよいどうぶつからにげるためということがわかりました」のように，自分が一番心惹かれたことを，観点を明確にして選び出している児童を「おおむね満足できる」状況（B）とする。

＜第三次＞

【主体的に学習に取り組む態度①】共通，相違，事柄の順序など情報と情報との関係を理解し，動物の赤ちゃんについて分かったことや考えたことを述べる活動を通して，観点ごとに順序に沿って読みながら必要な情報を選び出すことに向けて粘り強い取組を行う中で，自らの学習を調整しようとしている。

　学習を振り返り情報を選び出す際に工夫したことを述べたノートの記述内容から評価する。例えば，観点「移動の仕方」に着目し，「つよい　どうぶつにおそわれても，……　……にげることが　できるのです。」の文に追加して「ライオンは，どうぶつの　王さまと　いわれます。」を選び出し，「〇〇さんが，ライオンの赤ちゃんとくらべていてわかりやすかったので，わたしも『ライオンはどうぶつの王さまでつよいから，赤ちゃんはまもってもらえるので，あるけなくても大じょうぶ』ということをつけたそうとおもいます」と記述する等，交流の際に参考になった意見を基に選び出す情報を見直している判断できる児童を「おおむね満足できる」状況（B）とする。

4 話すじゅんじょをくふうしてつたえよう

たからものを　しょうかいしよう（東京書籍）
楽しかったよ，二年生（光村図書）
話したいな，聞きたいな，夏休みのこと（教育出版）

1　単元の概要

　本単元では，〔知識及び技能〕の「(1)言葉の特徴や使い方に関する事項」の「話し言葉と書き言葉」，〔思考力，判断力，表現力等〕の「A　話すこと・聞くこと」の「構成の検討，考えの形成」「構造と内容の把握，精査・解釈，考えの形成，共有（聞くこと）」を取り上げる。これらの指導「事項」を身に付けることができるように，学習課題「つたえたいことがみんなにつたわるように話すじゅんじょをくふうして二年生の思い出はっぴょうかいをしよう。」を設定し，全8時間で単元の指導と評価を構想する。

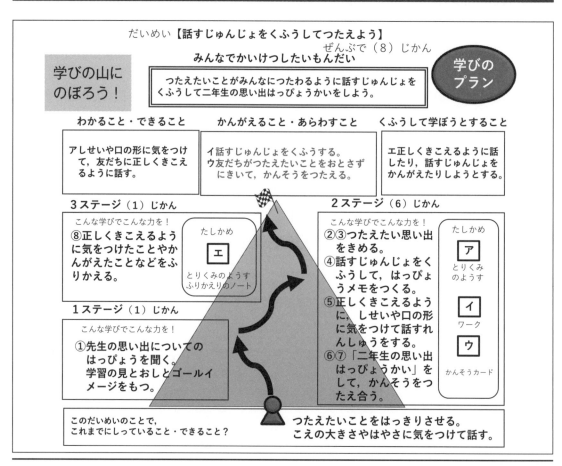

2　単元の目標

知識及び技能	思考力，判断力，表現力等	学びに向かう力，人間性等
・姿勢や口形，発声や発音に注意して話すことができる。 （(1)イ）	・相手に伝わるように，行動したことや経験したことに基づいて，話す事柄の順序を考えることができる。　（A(1)イ） ・話し手が知らせたいことを落とさないように集中して聞き，話の内容を捉えて感想をもつことができる。　（A(1)エ）	・言葉がもつよさを感じるとともに，楽しんで読書をし，国語を大切にして，思いや考えを伝え合おうとする。

3　単元で取り上げる言語活動とその特徴

　本単元では，言語活動例「ア　紹介や説明，報告など伝えたいことを話したり，それらを聞いて声に出して確かめたり，感想を述べたりする活動」を具現化し，二年生の思い出について伝え合う活動を取り上げる。本活動では，二年生の経験したことで，一番思い出に残っていることを選び，行動したことや経験したこと，その時に感じたことについて，相手に伝わるように順序を考えて発表をして，感想を伝え合う。これらの活動を通して，時間的な順序や事柄の順序など，話の構成に関わる順序を考える能力を育成することができる。

　本単元の〔思考力，判断力，表現力等〕の目標との関連において，順序に気を付けて話を構成することで，自分の伝えたいことが聞き手によく伝わったという実感を味わわせ，工夫して話そうとする態度を育成できるようにする。

4　単元の評価規準

知識・技能	思考・判断・表現	主体的に学習に取り組む態度
①姿勢や口形，発声や発音に注意して話している。　（(1)イ）	①「話すこと・聞くこと」において，相手に伝わるように，行動したことや経験したことに基づいて，話す事柄の順序を考えている。　（A(1)イ） ②「話すこと・聞くこと」において，話し手が知らせたいことを落とさないように集中して聞き，話の内容を捉えて感想をもっている。　（A(1)エ）	①正確に伝えるために姿勢や口形，発声や発音に注意し，二年生の思い出について伝え合う活動を通して，話す事柄の順序を考えることに向けた粘り強い取組を行う中で，自らの学習を調整しようとしている。

5 単元の指導と評価の計画（全8時間）

次	時	育成する資質・能力と指導上の留意点	評価規準・評価方法等 【B】おおむね満足できる状況	主な学習活動
一	1	＜学習課題＞　つたえたいことがみんなにつたわるように話すじゅんじょをくふうして二年生の思い出はっぴょうかいをしよう。		・教師の発表を聞いて，話す時に大切なことを確かめる。 ・学習課題と学びのプランを確認し，学習の見通しをもつ。
二	2 3			・伝えたい思い出を決めて，したことや思ったことなどをカードに書く。
	4	「話すこと・聞くこと」において，相手に伝わるように，行動したことや経験したことに基づいて，話す事柄の順序を考えている。（A(1)イ）【思考・判断・表現①：順序を決定した理由の記述とワークシートの分析】		
		・思い出を書き出したカードを，「中」の部分にどのように位置付けるのか，教師がモデル文を示す。その際には，伝えたい思いの強さや時間的な順序に注目するよう指導する。	【B】伝えたいことが伝わるように，時間的な順序や事柄の順序に基づいてカードを並べたり並べ替えたりしている。 ＜学びのプラン＞ 話すじゅんじょをくふうする。（かんがえること・あらわすことイ）	・伝えたいことや時間的な順序に注目し，どのような順序で話したらよいか考え，「中」の部分に書き出したカードを並べ，順序を決定した理由を書く。
	5	姿勢や口形，発声や発音に注意して話している。((1)イ)【知識・技能①：話している様子の観察】		
		・話す時の正しい姿勢や口形，発声，発音について，正しい例とそうでない例を示して違いが分かるようにする。	【B】自分の話し方を振り返り，姿勢や口形，発声や発音に気を付けながら練習をしている。 ＜学びのプラン＞ しせいや口の形に気をつけて，友だちに正しくきこえるように話す。（わかること・できることア）	・話している様子を動画に撮って見直したり，聞いている友達に友達に助言をもらったりしながら姿勢や口形，発声，発音に注意して練習する。
	6 7	「話すこと・聞くこと」において，話し手が知らせたいことを落とさないように集中して聞き，話の内容を捉えて感想をもっている。（A(1)エ）【思考・判断・表現②：感想カードの分析】		
		・相手が伝えたいことを落とさずに聞くために，話の順序に注目したり，短い文でメモをしたりするよう指導する。	【B】話し手が伝えたいことを正しく捉えた上で，感想を書いている。 ＜学びのプラン＞ 友だちがつたえたいことをおとさずにきいて，かんそうをつたえる。（かんがえること・あらわすことウ）	・二年生の思い出発表会をする。 ・感想をカードに書いて話し手に伝える。
三	8	正確に伝えるために姿勢や口形，発声や発音に注意し，二年生の思い出について伝え合う活動を通して，話す事柄の順序を考えることに向けた粘り強い取組を行う中で，自らの学習を調整しようとしている。【主体的に学習に取り組む態度①：単元終了後の振り返りのノートの記述の分析】		
		・学びのプランや話している様子の動画を基に，学習課題の解決のために工夫したことについて振り返るよう指導する。	【B】姿勢や口形，発声や発音に注意したり，話す事柄の順序を考えたりすることに，粘り強く取り組んだことや試行錯誤したことを記述している。 ＜学びのプラン＞ 正しくきこえるように話したり，話すじゅんじょをかんがえたりしようとする。（くふうして学ぼうとすることエ）	・学びのプランの3観点に基づき，話している様子の動画や本単元の学習を振り返り，本単元で得た学びや気付きを振り返りノートに記述する。

6　評価規準に基づく学習評価のポイント

＜第二次＞

【思考・判断・表現①】「話すこと・聞くこと」において，相手に伝わるように，行動したことや経験したことに基づいて，話す事柄の順序を考えている。

　伝えたいことを書き出したカードを並べ替えて貼ったワークシートと，話す順序を決定した理由の記述内容から評価する。ここでは，前時に思い出の内容についてくわしく書き出したカードを，「はじめ―中―おわり」の「中」の部分に，時間的な順序や伝えたい思いの強い事柄に注目して，配置するように指導する。時間的な順序や伝えたい思いの強い事柄に注目してカードを並べていることが分かる児童を「おおむね満足できる」状況（B）とする。

【知識・技能①】姿勢や口形，発声や発音に注意して話している。

　発表会に向けて話す練習をしている様子から評価する。ここでは，正しい姿勢や口形，発声，発音について教師が具体的なモデルを示し，児童がそれを手がかりに話せるようにする。また，ICTを使い，話している様子を動画に撮り，話し方や姿勢をどのように直したらよいか捉えられるようにする。教師が示したモデルと比べながら，自分の話し方や姿勢に注意して，聞き手に正しく伝わるように話している児童を「おおむね満足できる」状況（B）とする。

【思考・判断・表現②】「話すこと・聞くこと」において，話し手が知らせたいことを落とさないように集中して聞き，話の内容を捉えて感想をもっている。

　発表を聞いて書いた感想カードから評価する。発表を聞く前に，「話し手が伝えたいことを落とさずに聞くこと」と，「話の内容に対して感想をもつこと」を伝えた上で，そのことについて感想カードを書くように指導する。話し手の発表メモと照らし合わせながら，話し手の内容を正しく捉えた上で，感想を書いている児童を「おおむね満足できる」状況（B）とする。

＜第三次＞

【主体的に学習に取り組む態度①】正確に伝えるために姿勢や口形，発声や発音に注意し，二年生の思い出について伝え合う活動を通して，話す事柄の順序を考えることに向けた粘り強い取組を行う中で，自らの学習を調整しようとしている。

　単元全体を通して，正確に伝えるために気を付けたことや考えたことなどについて，取組の様子や振り返りのノートの記述から評価する。ここでは，姿勢や口形，発声や発音に注意したり，話す事柄の順序を考えたりしたことについて記述するよう指導する。「正しく聞き取れるようにはっきりした発音で話せるよう何度も練習したり，聞いている人に二年生の思い出が伝わるように話す順序を考え，書き出したカードを並べ替えたりした」の記述等から，学習課題の解決のために粘り強く試行錯誤しながら学習しようとしたと判断できる児童を「おおむね満足できる」状況（B）とする。

5 はっけんしたことがつたわるように組み立てをくふうしてしょうかいしよう

こんな　もの，見つけたよ（光村図書）
こんな　ことを　して　いるよ（東京書籍）
おもしろいもの，見つけたよ（教育出版）

1　単元の概要

　本単元では，〔知識及び技能〕の「(1)言葉の特徴や使い方に関する事項」の「話し言葉と書き言葉」，〔思考力，判断力，表現力等〕の「B　書くこと」の「構成の検討」及び「推敲」を取り上げる。

　これらの指導「事項」を身に付けることができるように，学習課題「1年生にはっけんしたことのおもしろさがつたわるように，組み立てをくふうしてしょうかい文を書こう。」を設定し，全9時間で単元の指導と評価を構想する。

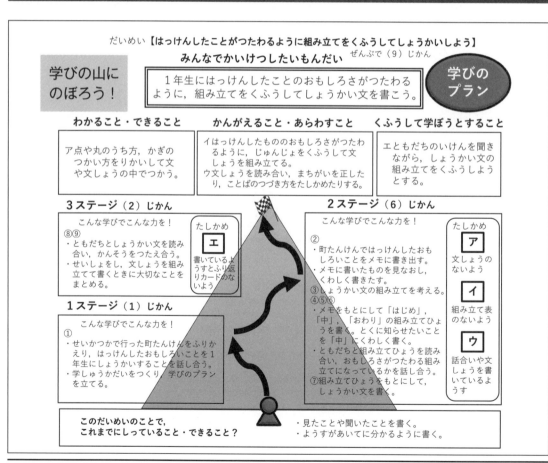

2　単元の目標

知識及び技能	思考力，判断力，表現力等	学びに向かう力，人間性等
・句読点の打ち方，かぎ（「」）の使い方を理解して文や文章の中で使うことができる。　　　((1)ウ)	・自分の思いや考えが明確になるように，事柄の順序に沿って簡単な構成を考えることができる。　　　(B(1)イ) ・文章を読み返す習慣を付けるとともに，間違いを正したり，語と語や文と文との続き方を確かめたりすることができる。　(B(1)エ)	・言葉がもつよさを感じるとともに，楽しんで読書をし，国語を大切にして，思いや考えを伝え合おうとする。

3　単元で取り上げる言語活動とその特徴

　本単元では，言語活動例「ア　身近なことや経験したことを報告したり，観察したことを記録したりするなど，見聞きしたことを書く活動」を具体化し，面白いと思ったことを紹介文に書く活動を取り上げる。本活動では，生活科で行った町探検で見たことや聞いたことを思い出し，1年生に伝えるために紹介文を書く。一人一人が発見した面白かったことを，1年生に紹介することを目的にすることで，明確な目的意識と相手意識をもたせることができる。また，伝える相手が1年生であることから，分かりやすい文章に書くことの必要感をもたせることもできる。

　本単元の〔知識及び技能〕の目標との関連においては，紹介文を書くことを通して，句読点の打ち方やかぎ（「」）の使い方を理解して文章を書くことができるようにする。〔思考力，判断力，表現力等〕の目標との関連においては，自分の思いや考えが明確になるように，見たり聞いたり考えたりした事柄の順序に沿って簡単な構成を考えることができるようにすることに重点を置く。

4　単元の評価規準

知識・技能	思考・判断・表現	主体的に学習に取り組む態度
①句読点の打ち方，かぎ（「」）の使い方を理解して文や文章の中で使っている。　　　((1)ウ)	①「書くこと」において，自分の思いや考えが明確になるように，事柄の順序に沿って簡単な構成を考えている。　　　(B(1)イ) ②「書くこと」において，文章を読み返す習慣を付けているとともに，間違いを正したり，語と語や文と文との続き方を確かめたりしている。　　　(B(1)エ)	①句読点やかぎの使い方を理解し，紹介文を書く活動を通して，事柄の順序に沿って簡単な構成を考えることに向けた粘り強い取組を行う中で，自らの学習を調整しようとしている。

5 単元の指導と評価の計画（全9時間）

次	時	育成する資質・能力と指導上の留意点	評価規準・評価方法等【B】おおむね満足できる状況		主な学習活動
一	1	<学習課題> 1年生にはっけんしたことのおもしろさがつたわるように，組み立てをくふうしてしょうかい文を書こう。			・生活科で発見した面白いことを1年生に紹介する活動について話し合い，学習課題を確認し，学びのプランで学習の見通しをもつ。
二	2				・紹介したいことをメモに書き出し，伝えたいことを詳しく書く。
	3	「書くこと」において，自分の思いや考えが明確になるように，事柄の順序に沿って簡単な構成を考えている。（B(1)イ）【思考・判断・表現①：組み立て表の記述内容の確認】			
		・「はじめ」，「中」，「おわり」で事柄の順序を示した組み立て表を提示し，箇条書きに紹介したいことを書き出すようにする。	【B】「はじめ」，「中」，「おわり」で事柄の順序に沿って簡単な構成を考えている。 <学びのプラン> はっけんしたもののおもしろさがつたわるように，じゅんじょをくふうして文しょうを組み立てる。 （かんがえること・あらわすことイ）		・メモを基に書く順番を考える。 ・組み立て表を書く。
	4 5 6	句読点の打ち方，かぎ（「」）の使い方を理解して文や文章の中で使っている。（(1)ウ）【知識・技能①：文章の記述内容の確認】			
		・句読点とかぎの使い方を文例で示す。	【B】句読点の打ち方やかぎの使い方を正しく理解し使っている。 <学びのプラン> 点や丸のうち方，かぎのつかい方をりかいして文や文しょうの中でつかう。（わかること・できることア）		・句読点やかぎを使って文や文章を書く。
	7	「書くこと」において，文章を読み返す習慣を付けているとともに，間違いを正したり，語と語や文と文との続き方を確かめたりしている。（B(1)エ）【思考・判断・表現②：話合いや記述の様子の観察】			
		・紹介したいことを事柄の順序で書くことや語と語，文と文との続き方などを確かめる際の観点とする。	【B】間違いを正したり，内容を確かめたりしようとしている。 <学びのプラン> 文しょうを読み合い，まちがいを正したり，ことばのつづき方をたしかめたりする。（かんがえること・あらわすことウ）		・赤鉛筆で書き加えたり，書き足したりする。
三	8 9	句読点やかぎの使い方を理解し，紹介文を書く活動を通して，事柄の順序に沿って簡単な構成を考えることに向けた粘り強い取組を行う中で，自らの学習を調整しようとしている。【主体的に学習に取り組む態度①：記述の様子と振り返りカードの分析】			
		・友達と組み立て表を基にしながら紹介文を読み合うようにし，友達の指摘を参考にするよう促す。	【B】組み立て表や紹介文を何度も読み返し，工夫して書こうとしている。 <学びのプラン> ともだちのいけんを聞きながら，しょうかい文の組み立てをくふうしようとする。（くふうして学ぼうとすることエ）		・友達の文章を読み合い，感想を伝え合う。 ・文章の組み立てに大切なことを確かめる。

6　評価規準に基づく学習評価のポイント

＜第二次＞

【思考・判断・表現①】「書くこと」において，自分の思いや考えが明確になるように，事柄の順序に沿って簡単な構成を考えている。

　メモを基にして，組み立て表に「はじめ」，「中」，「おわり」の順序で，紹介したい事柄を書いているかどうか評価する。ここでは，「はじめ」には紹介したいこと，「中」には詳しい説明，「おわり」にはまとめの言葉を書くことを文例で指導する。また，「中」に書く内容の順序を変えることで，伝わり方が変わることを示す。組み立て表に書かれた内容が，事柄の順序に沿って書かれていると判断できる児童を「おおむね満足できる」状況（B）とする。

【知識・技能①】句読点の打ち方，かぎ（「」）の使い方を理解して文や文章の中で使っている。

　組み立て表や紹介文の記述内容を確認し評価する。ここでは，句読点やかぎを使った文例を示し，句読点を使うことで文が読みやすく意味も分かりやすくなることや，かぎを使うと会話をそのまま書くことができることを指導する。組み立て表や紹介文に，句読点を使ったり，かぎを使って会話文を書いて様子を詳しく書いたりしていると判断できる児童を「おおむね満足できる」状況（B）とする。

【思考・判断・表現②】「書くこと」において，文章を読み返す習慣を付けているとともに，間違いを正したり，語と語や文と文との続き方を確かめたりしている。

　お互いの組み立て表を読み，話し合っている様子や間違いなどに気付き，書き直している様子を観察し評価する。ここでは，物事を紹介するときには，事柄や時間の順序で書いたり，五感を使って書いたりすることを話合いの観点として指導する。書かれている内容を事柄や時間の順序，五感を使った表現という視点で話し合い，間違いなどを書き直していると判断できる児童を「おおむね満足できる」状況（B）とする。

＜第三次＞

【主体的に学習に取り組む態度①】句読点やかぎの使い方を理解し，紹介文を書く活動を通して，事柄の順序に沿って簡単な構成を考えることに向けた粘り強い取組を行う中で，自らの学習を調整しようとしている。

　組み立て表や紹介文を書いている様子や，振り返りカードの記述内容から評価する。ここでは，友達と組み立て表を基にしながら紹介文を読み合うようにし，友達の指摘を参考にしながら自身の紹介文の組み立てを工夫することができるように指導する。振り返りでは，単元全体を通して紹介文の組み立てをどのように工夫したかという点に注目できるように指導する。1年生に発見したことの面白さが伝わるように事柄の順序に沿って構成を工夫していると判断できる児童を「おおむね満足できる」状況（B）とする。

6　お話を読んで，自分とくらべてかんそうを書こう

わたしはおねえさん（光村図書）

1　単元の概要

　本単元では，〔知識及び技能〕の「(1)言葉の特徴や使い方に関する事項」の「語彙」，〔思考力，判断力，表現力等〕の「C　読むこと」の「精査・解釈」及び「考えの形成」を取り上げる。これらの指導「事項」を身に付けることができるように，学習課題「お話の一番心にのこったところをえらび，自分とくらべてかんそうを書こう。」を設定し，全10時間で単元の指導と評価を構想する。

学びのプラン

だいめい【お話を読んで，自分とくらべてかんそうを書こう】ぜんぶで（１０）じかん

みんなでかいけつしたいもんだい

> **お話の一番心にのこったところをえらび，自分とくらべてかんそうを書こう。**

学びの山にのぼろう！

学びのプラン

わかること・できること

ア　すみれちゃんはどんな子かをあらわすのに，じんぶつをあらわすことばをつかう。

かんがえること・あらわすこと

イ　すみれちゃん何をしたのか，なぜしたのかについて考える。
ウ　すみれちゃんの言ったことやしたことと，じぶんの体けんとをくらべてかんそうをもつ。

くふうして学ぼうとすること

エ　かんそうをよりよくするために，体けんしたことをあらわすことばや，すみれちゃんの言ったことやしたこととむすびつける自分の体けんを見なおそうとする。

３ステージ（1）じかん

こんな学びでこんな力を！

⑩かんそう文を読み合い，たんげんの学しゅうをふりかえる。

たしかめ
| エ |
ノートのないよう

2ステージ（8）じかん

こんな学びでこんな力を！

②すみれちゃんはどんな子かについて考える。
③④⑤すみれちゃんの言ったことやしたことから心にのこったところをしょうかいし，なぜそんなことを言ったりしたりしたのかそうぞうする。
⑥⑦⑧⑨すみれちゃんの言ったことやしたことから一番心にのこったところをえらび，自分の体けんとくらべる。

たしかめ
| ウ | ア |
| イ |
ノートのないよう
しょうかいカードのないよう
はつげんのようす

１ステージ（1）じかん

こんな学びでこんな力を！

①お話を読んで，自分とくらべてかんそうを書くという学しゅうの見とおしをもつ。

このだいめいのことで，これまでにしっていること・できること？

読んで分かったことと自分のしっていることをくらべて考えるとかんそうがゆたかになる。

---

2 単元の目標

知識及び技能	思考力，判断力，表現力等	学びに向かう力，人間性等
・身近なことを表す語句の量を増し，話や文章の中で使うとともに，言葉には意味による語句のまとまりがあることに気付き，語彙を豊かにすることができる。 （(1)オ）	・場面の様子に着目して，登場人物の行動を具体的に想像することができる。　　（C(1)エ） ・文章の内容と自分の体験とを結び付けて，感想をもつことができる。　　（C(1)オ）	・言葉がもつよさを感じるとともに，楽しんで読書をし，国語を大切にして，思いや考えを伝え合おうとする。

3 単元で取り上げる言語活動とその特徴

　本単元では，言語活動例「イ　読み聞かせを聞いたり物語を読んだりして，内容や感想などを伝え合ったり，演じたりする活動」を具体化し，お話を読んで一番心に残ったところを選び，自分と比べて感想を書く活動を取り上げる。登場人物の言動に着目して，一番強く心に残ったところを選び，自分ならどうするか，自分にも同じようなことがあったかなどについて検討することで，場面の様子に着目して，登場人物の行動を具体的に想像し，文章の内容と自分の体験とを結び付けて，感想をもつ能力を育成することができる。

　本単元の〔知識及び技能〕の目標との関連において，身近なことを表す語句，例えば「親切」，「思いやりのある」，「しっかりもの」，「がまん強い」，「いじっぱり」，「ひょうきん」などの「周りの人について表す言葉」，「かんしんする」，「うきうきする」，「すねる」，「ぞっとする」，「あわてる」，「はらはらする」などの「体験したことを表す言葉」など，豊かな言葉に着目させ，感想文の中で使うことができるようにする。

4 単元の評価規準

知識・技能	思考・判断・表現	主体的に学習に取り組む態度
①身近なことを表す語句の量を増し，話や文章の中で使うとともに，言葉には意味による語句のまとまりがあることに気付き，語彙を豊かにしている。　　（(1)オ）	①「読むこと」において，場面の様子に着目して，登場人物の行動を具体的に想像している。（C(1)エ） ②「読むこと」において，文章の内容と自分の体験とを結び付けて，感想をもっている。　　（C(1)オ）	①身近なことを表す語句の量を増し，文章の中で使いながら，自分と比べて感想を書く活動を通して，お話の内容と自分の体験とを結び付けて感想をもつことに向けた粘り強い取組を行う中で，自らの学習を調整しようとしている。

5 単元の指導と評価の計画 （全10時間）

次	時	育成する資質・能力 と指導上の留意点	評価規準・評価方法等 【B】おおむね満足できる状況	主な学習活動
一	1	<学習課題> お話の一番心にのこったことをえらび，自分とくらべてかんそうを書こう。		・お話を読んで，自分と比べて感想を書くという学習の見通しをもつ。
二	2	身近なことを表す語句の量を増し，話や文章の中で使うとともに，言葉には意味による語句のまとまりがあることに気付き，語彙を豊かにしている。((1)オ)【知識・技能①：ノートの記述の分析】		
		・「ことばのたからばこ」より人物を表す言葉に着目させ，自分の語彙として身に付けられるようにする。	【B】登場人物の言動に沿って，人物を表す言葉を用いている。 <学びのプラン> すみれちゃんはどんな子かをあらわすのに，じんぶつをあらわすことばをつかう。（わかること・できることア）	・登場人物すみれちゃんの言動から，すみれちゃんはどんな人物かについて考える。
	3 4 5	「読むこと」において，場面の様子に着目して，登場人物の行動を具体的に想像している。(C(1)エ)【思考・判断・表現①：紹介カードの記述の分析，発言の様子の観察】		
		・登場人物の心に残った言動を紹介し合うことで，何をしたのか，どのような様子だったのかを具体的にイメージし，言動の理由を想像できるようにする。	【B】登場人物の言動の様子を具体的にイメージしたり，言動の理由について具体的に想像したりしている。 <学びのプラン> すみれちゃんが何をしたのか，なぜしたのかについて考える。（かんがえること・あらわすことイ）	・登場人物の心に残った言動と言動の理由を考え，カードに書いて紹介し合う。
	6 7 8 9	「読むこと」において，文章の内容と自分の体験とを結び付けて，感想をもっている。（C(1)オ)【思考・判断・表現②：ノートの記述の分析】		
		・登場人物と自分を比べて，似ているところや違うところはどこか考えさせることで，文章の内容と自分の体験とを結び付けて，感想をもつことができるようにする。	【B】自分の体験と比べたことを取り入れながら，一番強く心に残った理由を考えている。 <学びのプラン> すみれちゃんが言ったことやしたことと，じぶんの体けんとをくらべて，かんそうをもつ。（かんがえること・あらわすことウ）	・カードから一番強く心に残ったところを選び，自分の体験と比べ，感想を書く。
三	10	身近なことを表す語句の量を増し，文章の中で使いながら，自分と比べて感想を書く活動を通して，お話の内容と自分の体験とを結び付けて感想をもつことに向けた粘り強い取組を行う中で，自らの学習を調整しようとしている。【主体的に学習に取り組む態度①：ノートの記述の分析】		
		・感想文をよりよくするという目的を実現するために，友達との関わりの中で自身の学びを見つめて，修正や改善の見通しがもてるようにする。	【B】感想をよりよくするために，文章の中で使う言葉や，お話の内容と結び付ける自分の体験を検討しようとしている。 <学びのプラン> かんそうをよりよくするために，体けんしたことをあらわすことばや，すみれちゃんの言ったことやしたこととむすびつける自分の体けんを見なおそうとする。（くふうして学ぼうとすることエ）	・さらによりよい感想にするために，友達と交流する。 ・感想文を仕上げる ・感想文を読み合う。

6　評価規準に基づく学習評価のポイント

＜第二次＞

【知識・技能①】身近なことを表す語句の量を増し，話や文章の中で使うとともに，言葉には意味による語句のまとまりがあることに気付き，語彙を豊かにしている。

　登場人物を表したノートの記述内容から評価する。ここでは，「言葉の宝箱」に着目し，文章の中で使うよう指導する。例えば「すみれちゃんは，妹が自分のノートにらく書きをしてもおこらなかったので，ぼくは『思いやりのある』子だなと思いました」など，「周りの人について表す言葉」を文意に沿って使っている児童を「おおむね満足できる」状況（B）とする。

【思考・判断・表現①】「読むこと」において，場面の様子に着目して，登場人物の行動を具体的に想像している。

　登場人物の心に残った言動を紹介するカードや言動の理由について発言する様子から評価する。ここでは，誰が何をしたのか，なぜしたのかを考えるよう指導する。例えば「ノートに落書きをされて怒っていたけれど，お花を描いたつもりなのだと分かって，かりんちゃんのことがかわいく思えたからです」と発言しながら「すみれちゃんはわらいだしました」のカードを紹介する様子が見られる児童を「おおむね満足できる」状況（B）とする。

【思考・判断・表現②】「読むこと」において，文章の内容と自分の体験とを結び付けて，感想をもっている。

　自分の体験を結び付けて感想を書いたノートの記述内容から評価する。ここでは，一番心に残ったことを選び，自分と比べて似ているところや違うところはどこか，自分にも同じような経験はないか考えるよう指導する。例えば「すみれちゃんがわらいだしたところがぼくとちがうなと思いました。ぼくがかいた絵の上に弟がぐちゃぐちゃなきょうりゅうの絵をつけたしてかいたとき，すごくはらが立って弟をなかせてしまったことがあるからです」など，自分の体験と結び付けて考えている児童を「おおむね満足できる」状況（B）とする。

＜第三次＞

【主体的に学習に取り組む態度①】身近なことを表す語句の量を増し，文章の中で使いながら，自分と比べて書く活動を通して，お話の内容と自分の体験とを結び付けて感想をもつことに向けた粘り強い取組を行う中で，自らの学習を調整しようとしている。

　学習を振り返り感想文をよりよくするために工夫したことを述べたノートの記述内容から評価する。ここでは，感想をよりよくするという目的をもって友達と交流する場を設ける。例えば，記述の内容として，「○○さんが，すみれちゃんのことをどんな子だと思うか自分とくらべて話していて分かりやすかったので，同じらく書きをされても『たん気』なぼくとちがうところは，すみれちゃんは『思いやりがある』ということを，ぼくのかんそうにも入れることにしました」等，交流の際に参考になった意見を基に体験を見直し，感想文を工夫しようとしたと判断できる児童を「おおむね満足できる」状況（B）とする。

1　しつ問をして，友だちのことをもっと知ろう

知りたいことを考えて，しつもんしよう（光村図書）
聞いてさがそう（教育出版）
メモを取りながら話を聞こう（東京書籍）

1　単元の概要

　本単元では，〔知識及び技能〕の「(1)言葉の特徴や使い方に関する事項」の「話し言葉と書き言葉」，〔思考力，判断力，表現力等〕の「A　話すこと・聞くこと」の「話題の設定，情報の収集，内容の検討」，「構造と内容の把握，精査・解釈，考えの形成，共有」を取り上げる。これらの指導「事項」を身に付けることができるように，学習課題「話の中心を聞いて，しつ問をし，友だちのことをもっと知ろう。」を設定し，全6時間で単元の指導と評価を構想する。

学びのプラン

単元名【しつ問をして，友だちのことをもっと知ろう】全（6）時間

学習か題（みんなでかいけつしたい問い）

学びの
プラン

学びの山に
のぼろう！

> 話の中心を聞いて，しつ問をし，
> 友だちのことをもっと知ろう。

分かること・できること

ア　相手を見て話したり聞いたりし，声の調子や強弱，間の取り方などに注意して話す。

考えること・表すこと

イ　友だちにつたえたい話題を決め，ひつような内ようをえらぶ。
ウ　友だちのことをもっとよく知るためのしつ問のしゅるいやそのしつ問をする場合を考える。

くふうして学ぼうとすること

エ　話の聞き方やしつ問のしゅるいを理かいしようとしたり，話の中心をとらえ，友だちのことをもっとよく知るためのしつ問をしようとしたりする。

第3ステージ（1）時間

こんな学習をしてこんな力を！

⑥学級全体で，話合いの感想をつたえ合い，単元全体をふり返る。

たしかめ

エ

たん元しゅうりょう後のふり返りのノートの内よう

第2ステージ（4）時間

こんな学習をしてこんな力を！

②友だちに伝えたい話題を決め，ひつような内ようを選ぶ。

③しつ問のしゅるいを考え，どんなときにそのしつ問をするのかをけんとうする。

④⑤グループで友だちの話を聞き，しつ問をしたり，感想を言ったりする。

たしかめ

ア
イ
ウ

ワークの内よう
行動かんさつ
話合いの内よう

第1ステージ（1）時間

こんな学習をしてこんな力を！

①これまでの話合いをふり返り，学習か題を立てる。学習の見通しとゴールをイメージする。

この単元にかかわってこれまでに知っていることできること？（前の学年や前のたん元までに）

目的にそって大事なことを聞き取る。
しつ問をして，相手の考えを引き出す。

2　単元の目標

知識及び技能	思考力，判断力，表現力等	学びに向かう力，人間性等
・相手を見て話したり聞いたりするとともに，言葉の抑揚や強弱，間の取り方などに注意して話すことができる。　((1)イ)	・目的を意識して，日常生活の中から話題を決め，集めた材料を比較したり分類したりして，伝え合うために必要な事柄を選ぶことができる。　　　　　(A(1)ア) ・必要なことを記録したり質問したりしながら聞き，話し手が伝えたいことの中心を捉え，自分の考えをもつことができる。　(A(1)エ)	・言葉がもつよさに気付くとともに，幅広く読書をし，国語を大切にして，思いや考えを伝え合おうとする。

3　単元で取り上げる言語活動とその特徴

　本単元では，言語活動例「イ　質問するなどして情報を集めたり，それらを発表したりする活動」を具体化し，友達の話を聞き，もっと知りたいと思ったことについて質問をし，心残ったことを伝え合う活動を取り上げる。本活動では，グループの中で一人が話し手となり，その話題に沿って聞き手が質問したり感想を述べたりしていく。知りたいことを知るための質問の種類を考え，どんなときにその質問をするのかを検討し，整理することで，話し手が伝えたいことの中心を意識しながら聞き，質問をする能力を育成することができる。

　本単元の〔思考力，判断力，表現力等〕の目標との関連において，あくまでも学習の主眼は「聞くこと」にあることを踏まえ，題材集めや調べる負担のない，日常生活の出来事から話題を決め，伝える内容を選ぶことができるようにする。また，質問の種類やどんなときにその質問をするのかということを確認し，知りたいことについて，どのように質問するとよいかを考えながら質問をすることができるようにする。

4　単元の評価規準

知識・技能	思考・判断・表現	主体的に学習に取り組む態度
①相手を見て話したり聞いたりするとともに，言葉の抑揚や強弱，間の取り方などに注意して話している。　((1)イ)	①「話すこと・聞くこと」において，目的を意識して，日常生活の中から話題を決め，集めた材料を比較したり分類したりして，伝え合うために必要な事柄を選んでいる。　(A(1)ア) ②「話すこと・聞くこと」において，必要なことを記録したり質問したりしながら聞き，話し手が伝えたいことの中心を捉え，自分の考えをもっている。　(A(1)エ)	①相手を見て話したり聞いたりするとともに，言葉の抑揚や強弱，間の取り方などに注意して話し，質問するなどして情報を集めたり，それらを発表したりする活動を通して，話の中心を捉えて質問することに向けた粘り強い取組を行う中で，自らの学習を調整しようとしている。

5 単元の指導と評価の計画（全6時間）

次	時	育成する資質・能力と指導上の留意点	評価規準・評価方法等【B】おおむね満足できる状況	主な学習活動
一	1	<学習課題> 話の中心を聞いて，しつ問をし，友だちのことをもっと知ろう。		・これまでの話合いを振り返る。 ・学習課題を設定し，学びのプランを立てる。
二	2	「話すこと・聞くこと」において，目的を意識して，日常生活の中から話題を決め，集めた材料を比較したり分類したりして，伝え合うために必要な事柄を選んでいる。（A(1)ア）【思考・判断・表現①：ワークシートの記述の分析，行動観察】		
		・日常生活の中から必要な内容を選べるよう，話題を例示する。	【B】日常生活の中から，友達に伝えたい話題を決め，必要な内容を選んでいる。 <学びのプラン> 友だちにつたえたい話題を決め，ひつような内ようをえらぶ。（考えること・表すことイ）	・日常生活の中から，友達に伝えたいことを選ぶ。
	3	「話すこと・聞くこと」において，必要なことを記録したり質問したりしながら聞き，話し手が伝えたいことの中心を捉え，自分の考えをもっている。（A(1)エ）【思考・判断・表現②：ワークシートの記述の分析，話合いの観察】		
		・話の中心を捉えて質問できるよう，質問の種類を考え，どんなときにその質問をするのかを検討する場を設ける。	【B】友達のことをもっとよく知るための質問の種類や，どんなときにその質問をするかということを考えている。 <学びのプラン> 友だちのことをもっとよく知るためのしつ問のしゅるいやそのしつ問をする場合を考える。（考えること・表すことウ）	・話し手による話の例文を見て，どのような質問が考えられるか，どんな場合にどの質問をするとよいかを話し合う。
	4 5	相手を見て話したり聞いたりするとともに，言葉の抑揚や強弱，間の取り方などに注意して話している。（(1)イ）【知識・技能①：ワークシートの記述の分析，話合いの観察】		
		・聞き手を意識して話せるよう，聞き取りやすい話し方をしている児童を取り上げ，よさを見つけ合う場を設定する。	【B】相手を見て話したり聞いたりし，言葉の抑揚や強弱，間の取り方などに注意して話している。 <学びのプラン> 相手を見て話したり聞いたりし，声の調子や強弱，間の取り方などに注意して話す。（分かること・できることア）	・グループで友達の話を聞き，質問をしたり，感想を言ったりする。
三	6	相手を見て話したり聞いたりするとともに，言葉の抑揚や強弱，間の取り方などに注意して話し，質問するなどして情報を集めたり，それらを発表したりする活動を通して，話の中心を捉えて質問することに向けた粘り強い取組を行う中で，自らの学習を調整しようとしている。【主体的に学習に取り組む態度①：単元終了後の振り返りのノートの記述の分析】		
		・学習課題の解決のために工夫したことについて，学びのプランを用いて振り返りができるようにする。	【B】単元の学習を通して，話の中心を捉えて質問することに試行錯誤したことや粘り強く取り組んだこと，学びが深まったことなどについて記述している。 <学びのプラン> 話の聞き方やしつ問のしゅるいを理かいしようとしたり，話の中心をとらえ，友だちのことをもっと知るためのしつ問をしようとしたりする。（くふうして学ぼうとすることエ）	・学級全体で，話合いの感想を伝え合う。 ・学びのプランの3観点に基づき，本単元の学びを振り返る。

6　評価規準に基づく学習評価のポイント

<第二次>

【思考・判断・表現①】「話すこと・聞くこと」において，目的を意識して，日常生活の中から話題を決め，集めた材料を比較したり分類したりして，伝え合うために必要な事柄を選んでいる。

　話すことを選ぶ話合いの発言やノートの記述内容から評価する。ここでは，あくまでも学習の主眼は「聞くこと」にあることを踏まえ，題材集めや調べる負担のない，日常生活の出来事を例示して話題を決める際の参考にできるようにし，伝える内容を選ぶことができるように指導する。日常生活の中から，友達に伝えたい話題を決め，必要な内容を選んでいる児童を「おおむね満足できる」状況（B）とする。

【思考・判断・表現②】「話すこと・聞くこと」において，必要なことを記録したり質問したりしながら聞き，話し手が伝えたいことの中心を捉え，自分の考えをもっている。

　質問の種類やどんなときにその質問をするのかを書くワークシートの記述内容や，話し合う場での発言内容から評価する。ここでは，話し手による話の例文を見て，どのような質問が考えられるか，どんな場合にどの質問をするとよいかを話し合うように指導する。友達のことをもっとよく知るための質問の種類や，どんなときにその質問をするかということを考えている児童を「おおむね満足できる」状況（B）とする。

【知識・技能①】相手を見て話したり聞いたりするとともに，言葉の抑揚や強弱，間の取り方などに注意して話している。

　グループで友達の話を聞き，質問をしたり，感想を言ったりしている状況から評価する。ここでは，聞き取りやすい話し方をしている児童を取り上げ，よさを見つけるように指導する。全グループが同時進行で話したり聞いたりするため，各グループにＩＣＴ機器を用意し，その音声も参考にして評価する。相手を見て話したり聞いたりし，言葉の抑揚や強弱，間の取り方などに注意して話している児童を「おおむね満足できる」状況（B）とする。

<第三次>

【主体的に学習に取り組む態度①】相手を見て話したり聞いたりするとともに，言葉の抑揚や強弱，間の取り方などに注意して話し，質問するなどして情報を集めたり，それらを発表したりする活動を通して，話の中心を捉えて質問することに向けた粘り強い取組を行う中で，自らの学習を調整しようとしている。

　友達をよく知る質問をするために工夫したことなどについて，単元終了後の振り返りのノートの記述内容から評価する。ここでは，単元の学習を通して，話の聞き方や話の中心を捉えて質問をすることに試行錯誤したり粘り強く取り組んだりしたことについて記述するよう指導する。「話をしている友達を見て話を聞くようにした」，「友達の話を聞いて質問したいことを考えながら話を聞くようになった」等，工夫して学習しようとしたと判断できる児童を「おおむね満足できる」状況（B）とする。

2 組み立てや使う言葉をくふうして物語を書こう

たから島のぼうけん（光村図書）
想ぞうを広げて物語を書こう（東京書籍）
「ショートショート」を書こう（教育出版4年上）

1 単元の概要

　本単元では，〔知識及び技能〕の「(1)言葉の特徴や使い方に関する事項」の「語彙」，〔思考力，判断力，表現力等〕の「B　書くこと」の「構成の検討」及び「考えの形成，記述」を取り上げる。これらの指導「事項」を身に付けることができるように，学習課題「組み立てや使う言葉をくふうして，場面の様子や登場人物のせいかくなどがつたわるように物語を書こう。」を設定し，全10時間で単元の指導と評価を構想する。

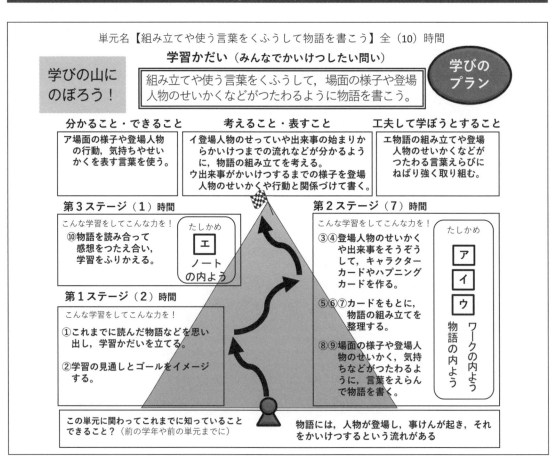

2　単元の目標

知識及び技能	思考力，判断力，表現力等	学びに向かう力，人間性等
・様子や行動，気持ちや性格を表す語句の量を増し，文章の中で使うことができる。 （(1)オ）	・書く内容の中心を明確にし，内容のまとまりで段落をつくったり，段落相互の関係に注意したりして，文章の構成を考えることができる。 （B(1)イ） ・自分の考えとそれを支える理由や事例との関係を明確にして，書き表し方を工夫することができる。 （B(1)ウ）	・言葉がもつよさに気付くとともに，幅広く読書をし，国語を大切にして，思いや考えを伝え合おうとする。

3　単元で取り上げる言語活動とその特徴

　本単元では，言語活動例「ウ　詩や物語をつくるなど，感じたことや想像したことを書く活動」を具体化し，物語を書く活動を取り上げる。本活動では，登場人物の性格や行動，主な出来事を想像した上で，場面の組み立てを整理して物語の構成を考える。また，場面ごとの様子や人物の行動，気持ちが伝わるように言葉を選びながら，組み立てに沿って物語を書いていく。物語の冒頭から事件の発端，結末へと至る展開を考えたり，場面の様子や人物の気持ちを考えたりする中で，文章の構成を検討し，書き表し方を工夫して記述する能力を育成することができる。

　本単元の〔思考力，判断力，表現力等〕（B(1)イ）の目標との関連においては，これまでの読書経験などから，物語の構成の特徴を理解した上で，各場面に書く内容を整理して物語を構成できるようにする。また，登場人物の性格や行動を具体的に想像するとともに，様子や行動，気持ちや性格を表す語句を集めることにより，書き表し方を工夫できるようにする。

4　単元の評価規準

知識・技能	思考・判断・表現	主体的に学習に取り組む態度
①様子や行動，気持ちや性格を表す語句の量を増し，文章の中で使っている。 （(1)オ）	①「書くこと」において，書く内容の中心を明確にし，内容のまとまりで段落をつくったり，段落相互の関係に注意したりして，文章の構成を考えている。　（B(1)イ） ②「書くこと」において，自分の考えとそれを支える理由や事例との関係を明確にして，書き表し方を工夫している。　（B(1)ウ）	①様子や行動，気持ちや性格を表す語句の量を増し，物語を書く活動を通して，構成や書き表し方を工夫して書くことに向けた粘り強い取組を行う中で，自らの学習を調整しようとしている。

5　単元の指導と評価の計画（全10時間）

次	時	育成する資質・能力と指導上の留意点	評価規準・評価方法等【B】おおむね満足できる状況	主な学習活動
一	1 2	<学習課題>　組み立てや使う言葉をくふうして，場面の様子や登場人物のせいかくなどがつたわるように物語を書こう。		・これまでの読書経験や物語を創作した経験を想起する。 ・学習課題を確認し，学びのプランで学習の見通しをもつ。
二	3 4	様子や行動，気持ちや性格を表す語句の量を増し，文章の中で使っている。((1)オ)【知識・技能①：ノートの確認，ワークシート（カード）や物語の記述の分析】		
		・様子や行動，性格や気持ちを表す語句をノートに書き集めるよう促すとともに，各自が集めた語句を一覧にして学級全体で共有する。	【B】自分で集めた語句や学級で共有した語句の中から，様々な語句を使ってワークシート（キャラクターカード）に書いている。 <学びのプラン> 場面の様子や登場人物の行動，気持ちやせいかくを表す言葉を使う。（分かること・できることア）	・登場人物の性格や行動，物語の出来事等を想像し，キャラクターカードやハプニングカードを作成する。
	5 6 7	「書くこと」において，書く内容の中心を明確にし，内容のまとまりで段落をつくったり，段落相互の関係に注意したりして，文章の構成を考えている。(B(1)イ)【思考・判断・表現①：ワークシートの記述の分析】		
		・物語を複数示し，参考にできるようにする。 ・ハプニングカード等を整理し物語の組み立てを考えることができるワークシートを活用する。	【B】登場人物の設定や事件の発端から結末までの展開など，場面ごとの内容や場面相互の関係に注意して，物語の構成を考えている。 <学びのプラン> 登場人物のせっていや出来事の始まりからかいけつまでの流れなどが分かるように，物語の組み立てを考える。（考えること・表すことイ）	・作成したハプニングカード等をワークシート上で並べたり選んだりして場面の組み立てを整理する。 ・物語の構成をワークシートにまとめる。
	8 9	「書くこと」において，自分の考えとそれを支える理由や事例との関係を明確にして，書き表し方を工夫している。(B(1)ウ)【思考・判断・表現②：ワークシートと物語の記述の分析】		
		・キャラクターカード等を活用し，表したい登場人物の性格や気持ちを明確にできるようにする。	【B】性格が伝わるように登場人物の行動を書いたり，それを物語の展開に影響させたりするなど，登場人物の設定と物語の展開を関連付けて物語を書いている。 <学びのプラン> 出来事がかいけつするまでの様子を登場人物のせいかくや行動と関係づけて書く。（考えること・表すことウ）※知識・技能①の評価も併せて行う。	・場面ごとに様子や登場人物の行動，気持ちや性格が表れるように工夫して物語を書く。
三	10	様子や行動，気持ちや性格を表す語句の量を増し，物語を書く活動を通して，構成や書き表し方を工夫して書くことに向けた粘り強い取組を行う中で，自らの学習を調整しようとしている。【主体的に学習に取り組む態度①：ノートの記述の分析】		
		・学習課題の解決のために工夫したことや習得したこと等について，学びプランを用いて丁寧な振り返りができるようにする。	【B】単元の学習を通して試行錯誤したことや粘り強く取り組んだこと，学びが深まったことなどについて記述している。 <学びプラン> 物語の組み立てや登場人物のせいかくなどがつたわる言葉えらびにねばり強く取り組む。（工夫して学ぼうとすることエ）	・物語を読み合い，感想を伝え合う。 ・学びのプランの3観点に基づき学習を振り返る。

6　評価規準に基づく学習評価のポイント

＜第二次＞

【知識・技能①】様子や行動，気持ちや性格を表す語句の量を増し，文章の中で使っている。

　集めた語句や登場人物の設定等をまとめたノートやワークシート（キャラクターカード）への記述内容から評価する。ここでは，場面の様子や登場人物の行動などを表す語句を集め，その中からふさわしい語句を選んで使うように指導する。適切な語句を選択し，その量を増やしながらキャラクターカードに記述している児童を「おおむね満足できる」状況（B）とする。

【思考・判断・表現①】「書くこと」において，書く内容の中心を明確にし，内容のまとまりで段落をつくったり，段落相互の関係に注意したりして，文章の構成を考えている。

　物語の構成をまとめたワークシートへの記述内容から評価する。ここでは，前時までに作成したキャラクターカードやハプニングカードを並べたり選んだりしながら，物語の基本的な構成に沿って場面の組み立てを整理するように指導する。物語の冒頭で登場人物の設定を書いたり，事件の発端から結末までの展開を整理して書いたりするなど，場面ごとの内容や場面相互の関係に注意して，物語の構成を考えている児童を「おおむね満足できる」状況（B）とする。

【思考・判断・表現②】「書くこと」において，自分の考えとそれを支える理由や事例との関係を明確にして，書き表し方を工夫している。

　前時までに作成したワークシートへの記述と，それらを基に創作した物語の記述内容から評価する。ここでは，ワークシートを基に，場面の様子や登場人物の行動などが表れるように言葉を選び，登場人物の性格が伝わる言動や物語の展開を工夫して記述するように指導する。登場人物の性格を言動に表したり，物語の展開に影響させたりするなど，登場人物の設定と物語の展開を関連付けて記述している児童を「おおむね満足できる」状況（B）とする。

　なお，単元の３，４時間目に実施した【知識・技能①】の評価を，８，９時間目にも改めて実施する。キャラクターカードに記述した語句を適切に使ったり，学級で新たに共有した語句を付け加えたりし物語を記述している児童を「おおむね満足できる」状況（B）とする。

＜第三次＞

【主体的に学習に取り組む態度①】様子や行動，気持ちや性格を表す語句の量を増し，物語を書く活動を通して，構成や書き表し方を工夫して書くことに向けた粘り強い取組を行う中で，自らの学習を調整しようとしている。

　学習の振り返りを書いたノートへの記述内容から評価する。ここでは，単元を通して試行錯誤したことや粘り強く取り組んだこと，学んだことなどについて記述するように指導する。記述内容として，「性格を表す言葉などをいろいろとためしに使ったり，文を何度も書き直したりしたことで，登場人物の性格を表すことができ，おもしろい物語をつくることができた」等，工夫して学習しようとしていると判断できる児童を「おおむね満足できる」状況（B）とする。

3 分かったことや考えたことを説明しよう

自然のかくし絵（東京書籍）

1　単元の概要

　本単元では，〔知識及び技能〕の「(1)言葉の特徴や使い方に関する事項」の「文や文章」及び〔思考力，判断力，表現力等〕の「Ｃ　読むこと」の「構造と内容の把握」を取り上げる。これらの指導「事項」を身に付けることができるように，学習課題「段落と段落のつながりに注意して読み，文章の組立てと内ようをとらえよう。」を設定し，全８時間で単元の指導と評価を構想する。

学びのプラン

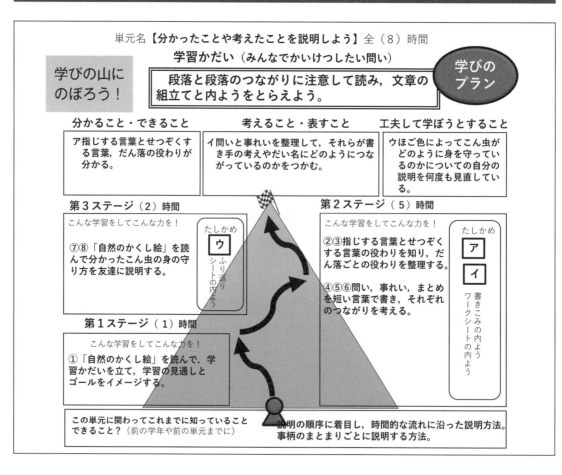

2　単元の目標

知識及び技能	思考力，判断力，表現力等	学びに向かう力，人間性等
・指示する語句と接続する語句の役割，段落の役割について理解することができる。　　　　((1)カ)	・段落相互の関係に着目しながら，考えとそれを支える理由や事例との関係などについて，叙述を基に捉えることができる。　(C(1)ア)	・言葉がもつよさを認識するとともに，進んで読書をし，国語の大切さを自覚して思いや考えを伝え合おうとする。

3　単元で取り上げる言語活動とその特徴

　本単元は，言語活動例「ア　記録や報告などの文章を読み，文章の一部を引用して，分かったことや考えたことを説明したり，意見を述べたりする活動」を具体化し，段落相互の関係に注意して読み，文章の組立てと書き手が説明している内容について捉えたことをまとめる活動を取り上げる。本活動で使用する教材文「自然のかくし絵」は，昆虫の保護色の有効性について書かれた説明的な文章で，織り込まれた問いと豊富な事例の連続によって構成されている。そのため，段落相互の関係に目を向ける中で各段落の役割に気付き，文章の組立てや書き手の考えを捉える力を育成していく学習に適している。

　〔知識及び技能〕(1)カについては，各段落冒頭の接続する語句とともに「でしょうか。」，「からです。」というような語尾や繰り返しの表現に着目し，それぞれの段落を書き手がどのような役割をもたせようとしたのかについて捉えていくようにする。〔知識及び技能〕(1)カと〔思考力，判断力，表現力等〕C(1)アは，「5　単元の指導と評価の計画」上は切り離して取り上げるように見えるが，実際は柔軟に往還しながら扱っていく。

4　単元の評価規準

知識・技能	思考・判断・表現	主体的に学習に取り組む態度
①指示する語句と接続する語句の役割，段落の役割について理解している。((1)カ)	①「読むこと」において，段落相互の関係に着目しながら，考えとそれを支える理由や事例との関係などについて，叙述を基に捉えている。　(C(1)ア)	①語句や段落の役割について理解したり，友達への説明を通して，書き手の考えとそれを支える理由や事例との関係などについて捉えたりすることに向けた粘り強い取組を行う中で，自らの学習を調整しようとしている。

5 単元の指導と評価の計画（全8時間）

次	時	育成する資質・能力 と指導上の留意点	評価規準・評価方法等 【B】おおむね満足できる状況	主な学習活動
一	1	<学習課題> 段落と段落のつながりに注意して読み，文章の組立てと内ようをとらえよう。		・学習課題を設定し，学びのプランを共有する。
二	2 3	指示する語句と接続する語句の役割，段落の役割について理解している。((1)カ)【知識・技能①：教材文に書き込んだ内容の確認】		
		・文章の構造や内容を把握するために，語句や文，文章のつながりについて教材文に書き込むように促す。	【B】指示する語句と接続する語句，段落の照応や役割を理解している。 <学びのプラン> 指じする言葉とせつぞくする言葉，だん落の役わりが分かる。（分かること・できることア）	・語句や文，段落のつながりや各役割について整理する。
	4 5 6	「読むこと」において，段落相互の関係に着目しながら，考えとそれを支える理由や事例との関係などについて，叙述を基に捉えている。（C(1)ア）【思考・判断・表現①：ワークシートの記述の確認】		
		・問いと事例，まとめを部分ごとに色分けして，各要素のまとまりやつながりが明確になるようにする。 ・問いを掲げ，複数の事例（や提示されている写真資料）を示しながら説明していくという「自然のかくし絵」の構造を捉えられるように，段落ごとに内容を整理できるワークシートを活用する。	【B】問いや事例が文章中のどこにどのように置かれ，書き手のどのような考えを支えているのかを捉えている。 <学びのプラン> 問いと事れいを整理して，それらが書き手の考えやだい名にどのようにつながっているのかをつかむ。（考えること・表すことイ）	・問いと事例の関係を捉え，それらが書き手のどのような考えを支えているのかをまとめる。
三	7 8	語句や段落の役割について理解したり，友達への説明を通して，書き手の考えとそれを支える理由や事例との関係などについて捉えたりすることに向けた粘り強い取組を行う中で，自らの学習を調整しようとしている。【主体的に学習に取り組む態度①：振り返りシートの記述の分析】		
		・「自然のかくし絵」の組み立てと内容を把握し説明するために，時間をかけて念入りに検討したことを振り返るように促す。	【B】文章の組立てや内容を理解するために，捉えたことを繰り返し検討し，よりよい説明にしようと工夫している。 <学びのプラン> ほご色によってこん虫がどのように身を守っているのかについての自分の説明を何度も見直している。（工夫して学ぼうとすることウ）	・「自然のかくし絵」の構造や内容に沿って昆虫の身の守り方を友達に説明する。 ・学びのプランに基づき，本単元の学習活動を振り返る。

6 評価規準に基づく学習評価のポイント

＜第二次＞

【知識・技能①】指示する語句と接続する語句の役割，段落の役割について理解している。

　教材文「自然のかくし絵」に書き込んだ内容を確認して評価する。ここでは，指示する語句と接続する語句，段落の照応関係や役割を捉えて，線や記号，言葉を用いて教材文中に整理するように指導する。語句や段落の照応を捉え，各役割を教材文中に整理できている児童を「おおむね満足できる状況」（B）とする。

【思考・判断・表現①】「読むこと」において，段落相互の関係に着目しながら，考えとそれを支える理由や事例との関係などについて，叙述を基に捉えている。

　「自然のかくし絵」の構造や内容について捉えたことを整理したワークシートの記述を確認し評価する。ここでは，〔知識及び技能〕(1)カと関連させ，「自然のかくし絵」が「はじめ（①②段落）」→「問いⅠ（③段落）」→「事例（④⑤⑥段落）」→「問いⅡ（⑧段落）」→「事例（⑨⑩段落）」→「まとめ（⑫段落）」という構造になっていることや「問いⅠ」に対する事例を説明したことで新たに現れた疑問を「問いⅡ」で説明して，それがまとめの文や題名につながっていることを捉えられるように指導する。ワークシートに「問い」や「事例」，「まとめ」を短い言葉で書き，それらが書き手の考えを支えるためにどのように関係し，題名にどのようにつながっているのかを捉えることができている児童を「おおむね満足できる状況」（B）とする。

＜第三次＞

【主体的に学習に取り組む態度①】語句や段落の役割について理解したり，友達への説明を通して，書き手の考えとそれを支える理由や事例との関係などについて捉えたりすることに向けた粘り強い取組を行う中で，自らの学習を調整しようとしている。

　振り返りシートの記述内容を分析し評価する。「自然のかくし絵」の構造や内容に沿って「昆虫の身の守り方」を友達に伝える際に，より適切で分かりやすい説明にするために，ワークシートの記述を繰り返し見直して各自の理解を深めるように指導する。その中で，語句や段落の役割，書き手の考えとそれを支える事例との関係などの整理を粘り強く行い，自分の理解を深めるために工夫している様子が判断できる児童を「おおむね満足できる状況」（B）とする。

4　役わりをはたしながら話し合い，考えをまとめよう

役わりをいしきしながら話し合おう（光村図書）
目的や進め方をたしかめて話し合おう（教育出版）
学校についてしょうかいすることを考えよう（東京書籍）

1　単元の概要

　本単元では，〔知識及び技能〕の「(1)言葉の特徴や使い方に関する事項」の「話し言葉と書き言葉」，〔思考力，判断力，表現力等〕の「A話すこと・聞くこと」の「話題の設定，情報の収集，内容の検討」，「話合いの進め方の検討，考えの形成，共有」を取り上げる。これらの指導「事項」を身に付けることができるように，学習課題「『新一年生に学校についてしょうかいすること』を話し合って，考えをまとめよう。」を設定し，全7時間で単元の指導と評価を構想する。

学びのプラン

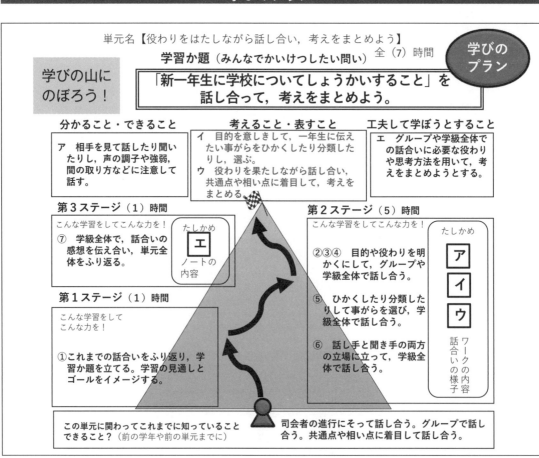

2 単元の目標

知識及び技能	思考力，判断力，表現力等	学びに向かう力，人間性等
・相手を見て話したり聞いたりするとともに，言葉の抑揚や強弱，間の取り方などに注意して話すことができる。　((1)イ)	・目的を意識して，日常生活の中から話題を決め，集めた材料を比較したり分類したりして，伝え合うために必要な事柄を選ぶことができる。　(A(1)ア) ・目的や進め方を確認し，司会などの役割を果たしながら話し合い，互いの意見の共通点や相違点に着目して，考えをまとめることができる。　(A(1)オ)	・言葉がもつよさに気付くとともに，幅広く読書をし，国語を大切にして，思いや考えを伝え合おうとする。

3 単元で取り上げる言語活動とその特徴

　本単元では，言語活動例「ウ　互いの考えを伝えるなどして，グループや学級全体で話し合う活動」を具体化し，新一年生に学校について紹介することを話し合う活動を取り上げる。本活動では，議題と目的を確かめ，学級全体の話合いの役割を確認して話し合い，自分たちの話合いを振り返り，改善点を明らかにしながら，新しい議題で話し合うことを積み重ねていく。話合いの進め方を検討したり，考えをまとめるために必要な話合いのポイントについて考えを形成したり共有したりすることで，学級全体で考えをまとめる能力を育成することができる。

　本単元の〔思考力，判断力，表現力等〕の目標との関連において，新一年生に学校について紹介したいことを話し合う目的を踏まえ，目的の達成のために必要な事柄を選ぶことができるようにする。また，学級全体の話合いにおいて必要な役割，自分の役割を明確にした上で，互いの意見の共通点や相違点に着目して，考えをまとめることができるようにする。

4 単元の評価規準

知識・技能	思考・判断・表現	主体的に学習に取り組む態度
①相手を見て話したり聞いたりするとともに，言葉の抑揚や強弱，間の取り方などに注意して話している。　((1)イ)	①「話すこと・聞くこと」において，目的を意識して，日常生活の中から話題を決め，集めた材料を比較したり分類したりして，伝え合うために必要な事柄を選んでいる。　(A(1)ア) ②「話すこと・聞くこと」において，目的や進め方を確認し，司会などの役割を果たしながら話し合い，互いの意見の共通点や相違点に着目して，考えをまとめている。　(A(1)オ)	①話合いの議題や目的，役割分担や進め方を理解し，グループや学級全体で話し合う活動を通して，考えをまとめることに向けた粘り強い取組を行う中で，自らの学習を調整しようとしている。

5　単元の指導と評価の計画（全７時間）

次	時	育成する資質・能力 と指導上の留意点	評価規準・評価方法等 【B】おおむね満足できる状況	主な学習活動
一	1	<学習課題>　「新一年生に学校についてしょうかいしたいこと」を話し合って，考えをまとめよう。		・これまでの話合いを振り返る。 ・学習課題を設定し，学びのプランを立てる。
二	2 3 4	「話すこと・聞くこと」において，目的や進め方を確認し，司会などの役割を果たしながら話し合い，互いの意見の共通点や相違点に着目して，考えをまとめている。（A⑴オ）【思考・判断・表現②：ワークシートの記述の分析，話合いの観察】		
		・目的や役割を明確にして話し合うことができるよう，司会者など，それぞれの役割を板書して明示する。	【B】グループや学級全体での役割を意識しながら話し合って，考えをまとめている。 <学びのプラン> 役わりを果たしながら話し合い，共通点や相い点に着目して，考えをまとめる。（考えること・表すことウ）	・場所，人，行事などのテーマ別グループで話し合い，学級全体で一つ目のテーマについて話し合う。
	5 6	「話すこと・聞くこと」において，目的を意識して，日常生活の中から話題を決め，集めた材料を比較したり分類したりして，伝え合うために必要な事柄を選んでいる。（A⑴ア）【思考・判断・表現①：ワークシートの記述の分析，話合いの観察】		
		・必要な事柄を選ぶことができるように，比較と分類という思考方法を示し，学級全体で，出てきている事柄を比較したり分類したりする場を設ける。	【B】新一年生が「入学が楽しみだ」という気持ちになるという目的を意識して，伝えたい事柄を比較したり分類したりして，選んでいる。 <学びのプラン> 目的を意識して，一年生に伝えたい事がらをひかくしたり分類したりし，選ぶ。（考えること・表すことイ）	・比較や分類をしながら，二つ目のテーマについて話し合う。
		相手を見て話したり聞いたりするとともに，言葉の抑揚や強弱，間の取り方などに注意して話している。（⑴イ）【知識・技能①：ワークシートの記述の分析，話合いの観察】		
		・話し手と聞き手の双方の立場に立って話し合うことができるように，二回目の話合いの動画を示し，話し方や聞き方についての改善点を挙げる場を設ける。	【B】聞き手の立場に立って，自分の考えが伝わる話し方をしたり，話し手の立場になって，話し手が話しやすい聞き方をしたりする。 <学びのプラン> 相手を見て話したり聞いたりし，声の調子や強弱，間の取り方などに注意して話す。（分かること・できることア）	・話し手と聞き手の双方の立場に立った話し方，聞き方で，三つ目のテーマについて話し合う。
三	7	話合いの議題や目的，役割分担や進め方を理解し，グループや学級全体で話し合う活動を通して，考えをまとめることに向けた粘り強い取組を行う中で，自らの学習を調整しようとしている。【主体的に学習に取り組む態度①：ノートの記述の分析】		
		・学習課題の解決のために工夫したことや習得したこと等について，学びのプランを用いて丁寧な振り返りができるようにする。	【B】単元の学習を通して，司会などの役割を果たしながら話し合うことに試行錯誤したことや粘り強く取り組んだこと，学びが深まったことなどについて記述している。 <学びのプラン> グループや学級全体での話合いに必要な役わりや思考方法を用いて，考えをまとめようとする。（工夫して学ぼうとすることエ）	・学級全体で，話合いの感想を伝え合う。 ・学びのプランの3観点に基づき，本単元の学びを振り返る。

6 評価規準に基づく学習評価のポイント

＜第二次＞

【思考・判断・表現②】「話すこと・聞くこと」において，目的や進め方を確認し，司会などの役割を果たしながら話し合い，互いの意見の共通点や相違点に着目して，考えをまとめている。

　話合いの役割について考えたことを記録するワークシートへの記述内容と話合いの様子から評価する。ここでは，一度，グループの話合いを行い，その後，三つのテーマを設けて，学級全体での話合いを三回行うようにする。その中で，司会者，提案者，参加者，書記の役割を具体化して示し，役割を果たしながら話し合うように指導する。学級全体における自分の役割を捉え，自分でめあてを設定して話し合ったり，自分の役割について考えたことを書いたりしている児童を「おおむね満足できる」状況（Ｂ）とする。

【思考・判断・表現①】「話すこと・聞くこと」において，目的を意識して，日常生活の中から話題を決め，集めた材料を比較したり分類したりして，伝え合うために必要な事柄を選んでいる。

　学級全体で話し合ったことを記述するワークシートの記述内容から評価する。ここでは，必要な事柄を選ぶために，比較と分類という思考方法を示して，混在している事柄を整理するように指導する。事柄を比較したり分類したりして記述したり，比較や分類を表す発言をしたりしている児童を「おおむね満足できる」状況（Ｂ）とする。

【知識・技能①】相手を見て話したり聞いたりするとともに，言葉の抑揚や強弱，間の取り方などに注意して話している。

　学級全体の話合いの状況から評価する。ここでは，二回目の話合いの動画を示し，話し方や聞き方についての改善点を挙げ，それらを踏まえて話し合うように指導する。相手を見て話したり聞いたりしたり，言葉の抑揚や強弱，間の取り方などに注意して話している児童を「おおむね満足できる」状況（Ｂ）とする。

＜第三次＞

【主体的に学習に取り組む態度①】話合いの議題や目的，役割分担や進め方を理解し，グループや学級全体で話し合う活動を通して，考えをまとめることに向けた粘り強い取組を行う中で，自らの学習を調整しようとしている。

　学習全体を振り返り，学級全体で話し合うときに工夫したことなどについてノートの記述内容から評価する。ここでは，単元の学習を通して，司会などの役割を果たしながら話し合うことに試行錯誤したり粘り強く取り組んだりしたこと，できるようになったこと，今後に生かしたいことついて記述するよう指導する。記述の内容として，「参加者としてどのように発言したらよいかを考えた。参加者の役割を学習したことで，比較したり分類したりして考えをまとめる発言をすることができた。この話合いは，学級会で生かせると思う」等，工夫して学習しようとしたと判断できる児童を「おおむね満足できる」状況（Ｂ）とする。

5 読み手に伝わるこう成を工夫して新聞を作ろう

新聞を作ろう（光村図書・教育出版）
みんなで新聞を作ろう（東京書籍）

1　単元の概要

　本単元では，〔知識及び技能〕の「(2)情報の扱い方に関する事項」の「情報と情報との関係」及び「情報の整理」，〔思考力，判断力，表現力等〕の「B　書くこと」の「構成の検討」を取り上げる。これらの指導「事項」を身に付けることができるように，学習課題「伝えたいことが読み手に伝わるように，こう成を工夫して新聞を作ろう。」を設定し，全10時間で単元の指導と評価を構想する。

学びのプラン

単元名【読み手に伝わるこう成を工夫して新聞を作ろう】全（10）時間

学習かだい（みんなでかいけつしたい問い）

学びの山にのぼろう！

学びのプラン

伝えたいことが読み手に伝わるように，こう成を工夫して新聞を作ろう。

分かること・できること
ア写真と記事，記事と記事などの関係が分かる。
イ必要なじょうほうをメモに書きとめる。

考えること・表すこと
ウ大きく取り上げたい記事の内ようをはっきりさせ，分かりやすくしめすために必要な大きさやし料，記事と記事の関係などを考えてわりつけを決める。

工夫して学ぼうとすること
エじょうほうとじょうほうのつながりやわりつけを整えて，読み手に分かるように工夫しながらねばり強く取り組む。

第3ステージ（1）時間
こんな学習をしてこんな力を！
⑩学級新聞を読み合って感想を伝え合い，学習をふりかえる。

たしかめ
エ
ノートの内容

第2ステージ（7）時間
こんな学習をしてこんな力を！
③④新聞のテーマを決め，インタビューやアンケート調査を行う。

⑤⑥⑦記事の順じょや大きさを考えてわりつけを決める。

⑧⑨記事を書く。また，記事をすいこうし，学級新聞を完成させる。

たしかめ
ア
イ
ウ
ワークの内容　話合いの様子

第1ステージ（2）時間
こんな学習をしてこんな力を！
①新聞の特ちょうを確かめ，学習課題を立てる。

②学習の見通しとゴールをイメージする。

この単元名に関わってこれまでに知っていること・できること？（前の学年や前の単元までに）　書きたいことをはっきりさせてから書く。内容のまとまりごとにだん落を分ける。絵や写真のしめし方を工夫する。

2 単元の目標

知識及び技能	思考力，判断力，表現力等	学びに向かう力，人間性等
・考えとそれを支える理由や事例，全体と中心など情報と情報との関係について理解することができる。 ((2)ア) ・必要な語句などの書き留め方を理解し使うことができる。 ((2)イ)	・書く内容の中心を明確にし，内容のまとまりで段落をつくったり，段落相互の関係に注意したりして，文章の構成を考えることができる。 (B(1)イ)	・言葉がもつよさに気付くとともに，幅広く読書をし，国語を大切にして，思いや考えを伝え合おうとする。

3 単元で取り上げる言語活動とその特徴

　本単元では，言語活動例「ア　調べたことをまとめて報告するなど，事実やそれを基に考えたことを書く活動」を具体化し，学級新聞を書く活動を取り上げる。本活動では，学級，学校，地域の出来事や話題など，読み手に伝えたいことをグループで考え，取材を行うとともに，伝えたいことが伝わるように割り付けなどを工夫して学級新聞にまとめていく。学級新聞に書く記事や見出しの内容に即して割り付けの仕方を検討することで，文章の構成を捉える能力を育成することができる。

　本単元の〔思考力，判断力，表現力等〕の目標との関連において，学級新聞を書く目的や読み手を念頭に置いて記事の内容を考えたり，伝えたい内容を明確にした上で，記事の順序や大きさ，記事と記事の関係を考えて割り付けを決めたりすることができるようにする。

4 単元の評価規準

知識・技能	思考・判断・表現	主体的に学習に取り組む態度
①考えとそれを支える理由や事例，全体と中心など情報と情報との関係について理解している。((2)ア) ②必要な語句などの書き留め方を理解し使っている。　((2)イ)	①「書くこと」において，書く内容の中心を明確にし，内容のまとまりで段落をつくったり，段落相互の関係に注意したりして，文章の構成を考えている。　(B(1)イ)	①情報と情報との関係を理解し，学級新聞を作る活動を通して，文章の構成を考えることに向けた粘り強い取組を行う中で，自らの学習を調整しようとしている。

5 単元の指導と評価の計画（全10時間）

次	時	育成する資質・能力と指導上の留意点	評価規準・評価方法等【B】おおむね満足できる状況	主な学習活動
一	1 2	<学習課題>　伝えたいことが読み手に伝わるように，こう成を工夫して新聞を作ろう。		・実際の新聞を基に新聞の特徴を調べる。 ・学習課題を確認し，学びのプランで学習の見通しをもつ。
二	3 4	必要な語句などの書き留め方を理解し使っている。((2)イ)【知識・技能②：ワークシート（メモ）の記述の分析】		
		・集めた情報の中から目的を意識して必要な語句を判断し，短く書き留める手続きを具体化して示す。	【B】学級新聞に書きたい内容を念頭に置きながら落としてはいけない語句を適切に捉え，それらを書き留めている。 <学びのプラン> 必要なじょうほうをメモに書きとめる。（分かること・できることイ）	・新聞のテーマや取材の方法を考え，インタビューやアンケート等を行う。
	5 6 7	考えとそれを支える理由や事例，全体と中心など情報と情報との関係について理解している。((2)ア)【知識・技能①：ワークシートの記述の分析，話合いの観察】		
		・伝えたいことの中心を明確にし，それがどのような理由や事例によって支えられているか，関係図を用いた検討を促す。	【B】記事の内容と関係のある資料をまとめたり，記事の内容に応じて分類したりしている。 <学びのプラン> 写真と記事，記事と記事などの関係が分かる。（分かること・できることア）	・読み手に伝えたいことを基に，大きく取り上げたい記事をはっきりさせ，それを支える内容を明確にする。
		「書くこと」において，書く内容の中心を明確にし，内容のまとまりで段落をつくったり，段落相互の関係に注意したりして，文章の構成を考えている。(B(1)イ)【思考・判断・表現①：ワークシートの記述の確認，話合いの観察】		
		・新聞の割り付けを複数設定し，それぞれの内容のまとまりを段落と捉え，それらのまとまり同士の関連を検討できるよう話合いの場を設定する。	【B】中心となる記事を明確にし，紙面の大きさや資料の扱いを考えたり，関連する記事を近くに載せようとしたりするなど，関連する資料や記事と記事の関係を考えて割り付けを決めている。 <学びのプラン> 大きく取り上げたい記事の内ようをはっきりさせ，分かりやすくしめすために必要な大きさやし料，記事と記事の関係などを考えてわりつけを決める。（考えること・表すことウ）	・記事の大きさや記事と記事の関係，写真や図，表などの大きさや場所などを考えて割り付けを決める。
	8 9			・記事を推敲し，学級新聞を完成させる。
三	10	情報と情報との関係を理解し，学級新聞を作る活動を通して，文章の構成を考えることに向けた粘り強い取組を行う中で，自らの学習を調整しようとしている。【主体的に学習に取り組む態度①：ノートの記述の分析】		
		・学習課題の解決のために工夫したことや習得したこと等について，学びのプランを用いて丁寧な振り返りができるようにする。	【B】単元の学習を通して試行錯誤したことや粘り強く取り組んだこと，学びが深まったことなどについて記述している。 <学びのプラン> じょうほうとじょうほうのつながりやわりつけを整えて，読み手に分かるように工夫しながらねばり強く取り組む。（工夫して学ぼうとすることエ）	・新聞を読み合い，感想を伝え合う。 ・学びのプランの3観点に基づき，本単元の学びを振り返り，意味付ける。

6　評価規準に基づく学習評価のポイント

＜第二次＞

【知識・技能②】必要な語句などの書き留め方を理解し使っている。

　取材したことをメモするワークシートへの記述内容から評価する。ここでは，新聞を作るために必要な情報を集め，整理するために，取材した情報を全て書くのではなく，必要な内容だけを短く書き留めるように指導する。学級新聞に書きたい内容を念頭に置きながら落としてはいけない語句を適切に捉え，それらを書き留めている児童を「おおむね満足できる」状況（B）とする。

【知識・技能①】考えとそれを支える理由や事例，全体と中心など情報と情報との関係について理解している。

　新聞の割り付けを考えるために，取材した情報を整理するワークシートの記述内容から評価する。ここでは，記事の内容を分かりやすく伝えるために，写真や図，表などの資料をどのように活用するか，記事と記事がどのように関係しているかを整理するように指導する。記事の内容と関係のある資料をまとめたり，記事の内容に応じて分類したりしている児童を「おおむね満足できる」状況（B）とする。

【思考・判断・表現①】「書くこと」において，書く内容の中心を明確にし，内容のまとまりで段落をつくったり，段落相互の関係に注意したりして，文章の構成を考えている。

　新聞の割り付けを考えるワークシートへの記述やグループでの話合いの状況から評価する。ここでは，最も伝えたいことをトップ記事とし，関連する資料や記事の配置を工夫するなど，記事の順序や大きさ，記事と記事の関係を考えて割り付けを決めるように指導する。中心となる記事を明確にし，紙面の大きさや資料の扱いを考えたり，関連する記事を近くに載せようとしたりするなど，関連する資料や記事と記事の関係を考えて割り付けを決めている児童を「おおむね満足できる」状況（B）とする。

＜第三次＞

【主体的に学習に取り組む態度①】情報と情報との関係を理解し，学級新聞を作る活動を通して，文章の構成を考えることに向けた粘り強い取組を行う中で，自らの学習を調整しようとしている。

　学習全体を振り返り，読み手に伝えるために工夫したことなどについてノートの記述内容から評価する。ここでは，単元の学習を通して試行錯誤したことや粘り強く取り組んだこと，学びが深まったことなどについて記述するように指導する。記述の内容として，「割り付け案のパターンをいくつか考えて，その中からよりよいものを選んだことで，伝えたいことを読み手に伝えることができた」等，工夫して学習しようとしたと判断できる児童を「おおむね満足できる」状況（B）とする。

6 人物の行動や気持ちを想ぞうし，文章にまとめよう

白いぼうし（光村図書・教育出版）

1 単元の概要

　本単元では，〔知識及び技能〕の「(1)言葉の特徴や使い方に関する事項」の「語彙」及び，〔思考力，判断力，表現力等〕の「C　読むこと」の「構造と内容の把握」を取り上げる。これらの指導「事項」を身に付けることができるように，学習課題「人物の行動や気持ちを文章にまとめよう。」を設定し，全8時間で単元の指導と評価を構想する。

学びのプラン

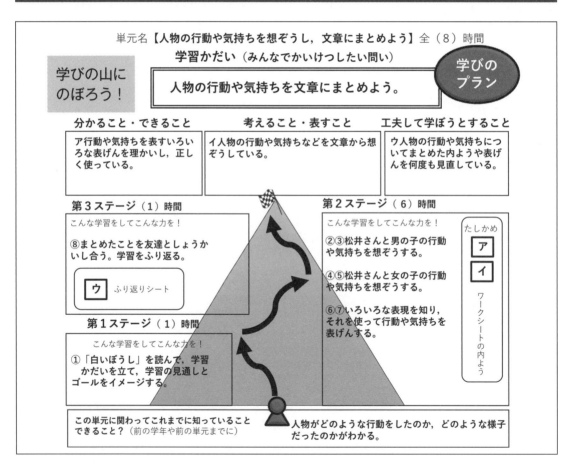

2 単元の目標

知識及び技能	思考力，判断力，表現力等	学びに向かう力，人間性等
・様子や行動，気持ちや性格を表す語句の量を増し，語彙を豊かにすることができる。　　　((1)オ)	・登場人物の行動や気持ちなどについて，叙述を基に捉えることができる。　　　　(C(1)イ)	・言葉がもつよさを認識するとともに，進んで読書をし，国語の大切さを自覚して思いや考えを伝え合おうとする。

3 単元で取り上げる言語活動とその特徴

　本単元では，言語活動例「イ　詩や物語などを読み，内容を説明したり，考えたことなどを伝え合ったりする活動」を具体化し，登場人物の行動や気持ちを想像し，文章にまとめる活動を取り上げる。本活動で使用する教材文「白いぼうし」は，会話文が多いだけでなく，反復されている言葉やオノマトペ，比喩，会話文の特徴的な文末表現なども含んでいる。それらを手掛かりに読んでいくことができるため，人物の行動や気持ちを捉える学習に適している。

　本単元の第二次においては，物語の展開に沿って各登場人物の行動や気持ちを捉え，それをワークシートに整理していく。その際，叙述を基に行動や気持ちを丁寧に捉えつつ，「語彙」の指導と関連させて，行動や気持ち，様子や性格などを表す多様な語句に触れて表現の幅を広げるとともに，それらを用いて自分のワークシートの記述を洗練する場も設けていく。また，『車のいろは空のいろ』に収められた他作品にも目を通して，松井さんの人柄を大まかに把握し，行動や気持ちを想像する助けにする。

4 単元の評価規準

知識・技能	思考・判断・表現	主体的に学習に取り組む態度
①様子や行動，気持ちや性格を表す語句の量を増し，語彙を豊かにしている。　　　((1)オ)	①「読むこと」において，登場人物の行動や気持ちなどについて，叙述を基に捉えている。　(C(1)イ)	①様子や行動，気持ちや性格を表す語句を獲得したり，登場人物の行動や気持ちを文章にまとめる活動を通して，人物の行動や気持ちなどを叙述を基に捉えたりすることに向けた粘り強い取組を行う中で，自らの学習を調整しようとしている。

5　単元の指導と評価の計画（全8時間）

次	時	育成する資質・能力と指導上の留意点	評価規準・評価方法等【B】おおむね満足できる状況	主な学習活動
一	1	<学習課題>　人物の行動や気持ちを文章にまとめよう。		・学習課題を設定し，学びのプランを共有する。
二	2 3 4 5	「読むこと」において，登場人物の行動や気持ちなどについて，叙述を基に捉えている。（C(1)イ）【思考・判断・表現①ワークシートの記述の確認】		
		・松井さんの行動の理由や気持ちを捉える手助けとなるように，『車のいろは空のいろ』に含まれている他作品にも目を通し，松井さんの人柄を大まかに掴んでおく。 ・物語の展開や松井さんと他の登場人物の関わりを整理できるワークシートを活用する。 ・物語の展開に沿って登場人物の行動や気持ちなどをワークシートに書き込むように促す。	【B】各登場人物の様子に着目し，叙述を基にその場の状況を把握しつつ，行動や気持ちを捉えている。 <学びのプラン> 人物の行動や気持ちなどを文章から想ぞうしている。（考えること・表すことイ）	・「白いぼうし」を読み，物語の展開に沿って起こった出来事を捉える。 ・各登場人物の行動や気持ちを想像し，文章にまとめる。
	6 7	様子や行動，気持ちや性格を表す語句の量を増し，語彙を豊かにしている。（(1)オ）【知識・技能①：ワークシートの記述の確認】		
		・他の作品を想起させ，抽象的な語句だけで行動や気持ちの細やかな様相を表すのが困難であることに気付かせる。 ・辞典の活用も促しつつ，表現する上で活用できそうな語句が複数あることを紹介する。	【B】教師が紹介した語句や類語辞典等で見つけた語句を正しく用いて，登場人物の行動や気持ちを適切に表現している。 <学びのプラン> 行動や気持ちや表すいろいろな表げんを理かいし，正しく使っている。（分かること・できることア）	・各登場人物の行動や気持ちを表す語句を吟味し，表現をより適したものにする。
三	8	様子や行動，気持ちや性格を表す語句を獲得したり，登場人物の行動や気持ちを文章にまとめる活動を通して，人物の行動や気持ちなどを叙述を基に捉えたりすることに向けた粘り強い取組を行う中で，自らの学習を調整しようとしている。【主体的に学習に取り組む態度①：振り返りシートの記述の分析】		
		・学びのプランを用いて，獲得したことや身に付けたりしたことを振り返るように促す。	【B】登場人物の行動や気持ちを表すために，記述内容や表現を繰り返し検討し，よりよいものにしようと工夫している。 <学びのプラン> 人物の行動や気持ちについてまとめた内ようや表げんを何度も見直している。（工夫して学ぼうとすることウ）	・学びのプランに基づき，本単元の学習活動を振り返る。

6　評価規準に基づく学習評価のポイント

＜第二次＞

【思考・判断・表現①】「読むこと」において，登場人物の行動や気持ちなどについて，叙述を基に捉えている。

　行動や気持ちなどを整理したワークシートの記述を確認して評価する。ここでは，「白いぼうし」に描かれた状況から各登場人物の行動やその時の気持ちなどを捉えて，理由を付しながらワークシートに書くように指導する。捕まえたちょうを母親に見せようと心躍らせている男の子の様子，タクシーのシートに座る女の子が松井さんを急かす様子，ちょうの代わりに夏みかんを置いたり，野原まで女の子をタクシーに乗せてあげたりする松井さんの様子などに目を向け，その場の状況を把握しつつ，反復されている言葉や会話の文末表現，比喩，オノマトペなども手掛かりとしながら各登場人物の行動や気持ちを捉えている児童を「おおむね満足できる」状況（B）とする。

【知識・技能①】様子や行動，気持ちや性格を表す語句の量を増し，語彙を豊かにしている。

　〔思考力，判断力，表現力〕C(1)イとの指導上の関連を図り，登場人物の行動や気持ちを整理したワークシートの記述を確認して評価する。登場人物の行動や気持ちには様々な様相や水準があるため，他の作品にも触れながら，単に「驚いた」や「うれしい」のような抽象度が高く児童に馴染みのある一語だけでは十分に表せないことに気付かせたり，関連する語句を複数紹介したりしていく中で表現の幅を広げていく。そして，ワークシートへの整理を促す際には，行動や気持ちの根拠を踏まえて，行動や気持ちを表現するのに適した語句を吟味選択して用いるように指導する。その中で登場人物の行動や気持ちを表す語句を選び，それらを正しく活用しながらワークシートに記述できている児童を「おおむね満足できる」状況（B）とする。

＜第三次＞

【主体的に学習に取り組む態度①】様子や行動，気持ちや性格を表す語句を獲得したり，登場人物の行動や気持ちを文章にまとめる活動を通して，人物の行動や気持ちなどを叙述を基に捉えたりすることに向けた粘り強い取組を行う中で，自らの学習を調整しようとしている。

　振り返りシートの記述を分析して評価する。登場人物の行動や気持ちを捉え，それを表現する際に，友達の意見と比べたり，友達の表現を参考にしたりしながら繰り返し検討し，内容を洗練していくように指導する。ワークシートの記述を充実させるために粘り強く内容や表現を工夫していると判断できる児童を「おおむね満足できる」状況（B）とする。

1 話の構成や資料の使い方を工夫して提案しよう

提案しよう，言葉とわたしたち（光村図書）
資料を見て考えたことを話そう（東京書籍）
「町じまん」をすいせんしよう（教育出版）

1 単元の概要

　本単元では，〔知識及び技能〕の「(2)情報の扱い方に関する事項」の「情報の整理」，〔思考力，判断力，表現力等〕の「A　話すこと・聞くこと」の「構成の検討，考えの形成」，「表現，共有」を取り上げる。これらの指導「事項」を身に付けることができるように，学習課題「みんなが取り組みたくなる『SDGsせん言』プランにするために，構成や資料の使い方を工夫して提案しよう。」を設定し，全6時間で単元の指導と評価を構想する。

学びのプラン

単元名【話の構成や資料の使い方を工夫して提案しよう】全（6）時間

学習課題（みんなで解決したい問い）

学びの山にのぼろう！

学びのプラン

みんなが取り組みたくなる「SDGsせん言」プランにするために，構成や資料の使い方を工夫して提案しよう。

分かること・できること

ア提案するSDGsに関係する事がらを分解してとらえたり，別々の要素をまとめたりする。

考えること・表すこと

イ提案内容が明確になるように，事実と意見とを区別するなどして，話の構成を考える。
ウ自分の考えが伝わるように，資料の使い方を工夫する。

工夫して学ぼうとすること

エみんなが取り組みたくなる提案にするために，何度もよりよい表現や構成を考えたり，資料の使い方を工夫したりする。

第3ステージ（1）時間

こんな学習をしてこんな力を！

⑥最終しゅう録を見合い，「できるようになったこと」，「もっとできるようになりたいこと」をふり返る。

評価　**エ**
構成メモの修正点と振り返りの記述

第2ステージ（3）時間

こんな学習をしてこんな力を！

③話の構成や資料の使い方の工夫を考えて構成メモを作り，第1回のスピーチしゅう録を行う。

④収録したスピーチを聞き合い，構成や資料の使い方の改ぜん点を考えて，構成メモを作り直す。

⑤再度スピーチを聞き合って改ぜん点を考えたり，構成メモの書き換えを行ったりしながら，くり返しスピーチのしゅう録を行う。

評価　**ア　イ　ウ**
構成メモスピーチの様子

第1ステージ（2）時間

こんな学習をしてこんな力を！

①②スピーチの経験をふり返り，「これまで学習したこと」や「できるようになりたいこと」を整理して学習計画を立てる。
　提案内容を考え，その考えを支える情報を集める。

この単元に関わってこれまでに知っていることできること？（前の学年や前の単元までに）　自分の考えを相手に伝えるために，どんな理由や事例を挙げれば考えの中心につながる話の構成になるかを考える。

2　単元の目標

知識及び技能	思考力，判断力，表現力等	学びに向かう力，人間性等
・情報と情報との関係付けの仕方を理解し使うことができる。 （(2)イ）	・話の内容が明確になるように，事実と感想，意見とを区別するなど，話の構成を考えることができる。 （A(1)イ） ・資料を活用するなどして，自分の考えが伝わるように表現を工夫することができる。（A(1)ウ）	・言葉がもつよさを認識するとともに，進んで読書をし，国語の大切さを自覚して，思いや考えを伝え合おうとする。

3　単元で取り上げる言語活動とその特徴

　本単元では，言語活動例「ア　意見や提案など自分の考えを話したり，それらを聞いたりする活動」を具体化し，自分自身のSDGs宣言の意味や価値を伝え，みんなが取り組みたくなるような「SDGs宣言」のプランとして提案する活動を設定する。

　本活動では，提案スピーチをより分かりやすく説得力あるものにしていくために，話の構成や表現の工夫を考えながら，繰り返し「仮のスピーチ」に取り組んでいく。タブレット端末等を活用して仮のスピーチを収録し，「事実と意見とを区別し，自分の考えが明確になる話の構成になっているか」，「自分の考えが伝わるような資料の使い方ができているか」等を振り返りながら試行錯誤を繰り返していく中で，話の構成や表現を工夫して話す資質・能力を育成していけるようにする。

4　単元の評価規準

知識・技能	思考・判断・表現	主体的に学習に取り組む態度
①情報と情報との関係付けの仕方を理解し使っている。((2)イ)	①「話すこと・聞くこと」において，話の内容が明確になるように，事実と感想，意見とを区別するなど，話の構成を考えている。(A(1)イ) ②「話すこと・聞くこと」において，資料を活用するなどして，自分の考えが伝わるように表現を工夫している。　　　　　　　（A(1)ウ）	①情報と情報との関係付けの仕方を理解し使い，自分の考えを提案したり，それらを聞いたりする活動を通して，話の構成を考えることに向けた粘り強い取組を行う中で，自らの学習を調整しようとしている。

5 単元の指導と評価の計画（全6時間）

次	時	育成する資質・能力と指導上の留意点	評価規準・評価方法等【B】おおむね満足できる状況	主な学習活動
一	1 2	<学習課題> みんなが取り組みたくなる「SDGs せん言」プランにするために，構成や資料の使い方を工夫して提案しよう。		・スピーチの経験を振り返り，学びのプランを立てる。 ・提案内容を考え，必要な情報を集める。
二	3 4 5	情報と情報との関係付けの仕方を理解し使っている。（(2)イ）【知識・技能①：構成メモの点検】		
		・モデルスピーチの構成メモを活用したり，困り感をもっている子供の構成メモを取り上げたりして，情報と情報との関係付けの仕方について指導する。	【B】提案する SDGs に関わる事柄を分解して捉えたり，別々の要素をまとめたりするなど，情報と情報との関係付けの仕方を理解し使っている。 <学びのプラン> 提案する SDGs に関係する事がらを分解してとらえたり，別々の要素をまとめたりする。（分かること・できることア）	・話の構成や資料の使い方の工夫を考えて構成メモを作り，第1回のスピーチ収録を行う。
		「話すこと・聞くこと」において，話の内容が明確になるように，事実と感想，意見とを区別するなど，話の構成を考えている。（A(1)イ）【思考・判断・表現①：構成メモの確認・スピーチの様子の観察】		
		・取り上げた事実と自分の意見との関係が説得力のあるものになっているか，またその関係をより分かりやすくするためにはどんな接続語や文末表現が適切かを検討するように促す。	【B】事実と意見を区別して問題点を示したり，接続語や文末表現などに注意して事実と意見の関係を明らかにしたりして，話の内容を明確にしている。 <学びのプラン> 提案内容が明確になるように，事実と意見とを区別するなどして，話の構成を考える。（分かること・できることイ）	・収録したスピーチを聞き合い，構成や資料の使い方の改善点を考えて，構成メモを作り直す。
		「話すこと・聞くこと」において，資料を活用するなどして，自分の考えが伝わるように表現を工夫している。（A(1)ウ）【思考・判断・表現②：スピーチの様子の確認】		
		・スピーチの映像を基に，話す内容と資料の整合性や，聞き手の関心・情報量などに合わせた資料提示の時間・機会・順番などを再考する場を設定する。	【B】目的や相手，状況などを踏まえて提示する資料を変更したり，提示する資料の機会や順番を変えたりしながら表現を工夫している。 <学びのプラン> 自分の考えが伝わるように，資料の使い方を工夫する。（分かること・できることウ）	・再度スピーチを聞き合って改善点を考えたり，構成メモの書き換えを行ったりしながら，繰り返しスピーチの収録を行う。
三	6	情報と情報との関係付けの仕方を理解し使い，自分の考えを提案したり，それらを聞いたりする活動を通して，話の構成を考えることに向けた粘り強い取組を行う中で，自らの学習を調整しようとしている。【主体的に学習に取り組む態度①：構成メモの修正点と振り返りの記述の分析】		
		・「仮のスピーチ」と構成メモの修正を繰り返しながら，話の構成や表現についてどんな問題点を見いだし，それをどう改善しようとしてきたかについて記述するように指導する。	【B】相手意識や目的意識をもって，粘り強く構成メモや表現の修正・工夫に取り組んできたことについて記述している。 <学びのプラン> みんなが取り組みたくなる提案にするために，何度もよりよい表現や構成を考えたり，資料の使い方を工夫したりする。（工夫して学ぼうとすることエ）	・最終収録を聞き合い，「できるようになったこと」，「もっとできるようになりたいこと」を振り返る。

6 評価規準に基づく学習評価のポイント

＜第二次＞

【知識・技能①】情報と情報との関係付けの仕方を理解し使っている。

　「私の『SDGs宣言』プラン」を提案するために書き留めた構成メモから評価する。ここでは，モデルスピーチの構成メモを活用したり，困り感をもっている子供の構成メモを取り上げたりしながら，情報と情報とを関係付けの仕方について指導する。提案内容に関わる問題点の原因を分解して捉えたり，別々の要素をまとめたりしている児童を「おおむね満足できる」状況（Ｂ）とする。

【思考・判断・表現①】「話すこと・聞くこと」において，話の内容が明確になるように，事実と感想，意見とを区別するなど，話の構成を考えている。

　構成メモの記述内容と，構成メモを基に取り組む「仮のスピーチ」の状況から評価する。ここでは，取り上げた事実と自分の意見との関係が説得力のあるものになっているか，またその関係をより分かりやすくするためにはどのような接続語や文末表現が適切かを検討するように指導する。みんなが取り組みたくなる「私の『SDGs宣言』プラン」の提案に向けて，事実と意見を区別して問題点を示したり，接続語や文末表現などに注意しながら事実と意見の関係を明らかにしたりして，話の内容を明確にしている児童を「おおむね満足できる」状況（Ｂ）とする。

【思考・判断・表現②】「話すこと・聞くこと」において，資料を活用するなどして，自分の考えが伝わるように表現を工夫している。

　タブレット端末等で録画したり実際に話したりしているスピーチの様子から評価する。ここでは，自分の考えを分かりやすく，説得力をもって伝えるために，話す内容と資料の整合性や，聞き手の関心・情報量などに合わせた資料提示の時間・機会・順番などを検討するように指導する。目的や相手，状況などを踏まえて提示する資料を変更したり，提示する資料の機会や順番を変えたりしながら表現を工夫している児童を「おおむね満足できる」状況（Ｂ）とする。

＜第三次＞

【主体的に学習に取り組む態度①】情報と情報との関係付けの仕方を理解し使い，自分の考えを提案したり，それらを聞いたりする活動を通して，話の構成を考えることに向けた粘り強い取組を行う中で，自らの学習を調整しようとしている。

　単元を通して修正してきた構成メモの変容とその振り返りの記述から評価する。ここでは，「仮のスピーチ」と構成メモの修正を繰り返す中で，話の構成や表現についてどんな問題点を見いだし，それをどう改善してきたかについて記述するように指導する。その記述内容から，相手意識や目的意識をもって繰り返し構成や表現の修正・工夫に取り組んできたと判断できる児童を「おおむね満足できる」状況（Ｂ）とする。

2 読み手がなっとくできるような意見文を書こう

読み手が納得する意見文を書こう（光村図書）
世界遺産　白神山地からの提言——意見文を書こう（教育出版）
反対の立場を考えて意見文を書こう（東京書籍）

1　単元の概要

　本単元では，〔知識及び技能〕の「(1)言葉の特徴や使い方に関する事項」の「文や文章」，〔思考力，判断力，表現力等〕の「B　書くこと」の「考えの形成，記述」及び「共有」を取り上げる。これらの指導「事項」を身に付けることができるように，学習課題「読み手がなっとくできるように反ろんを予想して意見文を書こう。」を設定し，全6時間で単元の指導と評価を構想する。

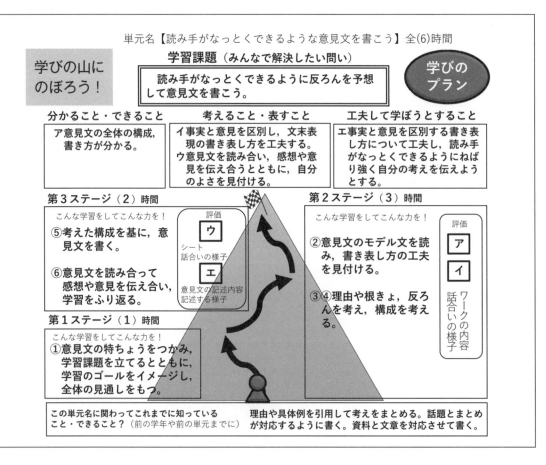

学びのプラン

単元名【読み手がなっとくできるような意見文を書こう】全(6)時間

学びの山にのぼろう！

学習課題（みんなで解決したい問い）

読み手がなっとくできるように反ろんを予想して意見文を書こう。

学びのプラン

分かること・できること
ア意見文の全体の構成，書き方が分かる。

考えること・表すこと
イ事実と意見を区別し，文末表現の書き表し方を工夫する。
ウ意見文を読み合い，感想や意見を伝え合うとともに，自分のよさを見付ける。

工夫して学ぼうとすること
エ事実と意見を区別する書き表し方について工夫し，読み手がなっとくできるようにねばり強く自分の考えを伝えようとする。

第3ステージ（2）時間
こんな学習をしてこんな力を！
⑤考えた構成を基に，意見文を書く。
⑥意見文を読み合って感想や意見を伝え合い，学習をふり返る。

評価
ウ
シート
話合いの様子
エ
意見文の記述内容
記述する様子

第2ステージ（3）時間
こんな学習をしてこんな力を！
②意見文のモデル文を読み，書き表し方の工夫を見付ける。
③④理由や根きょ，反ろんを考え，構成を考える。

評価
ア
イ
ワークの内容
話合いの様子

第1ステージ（1）時間
こんな学習をしてこんな力を！
①意見文の特ちょうをつかみ，学習課題を立てるとともに，学習のゴールをイメージし，全体の見通しをもつ。

この単元名に関わってこれまでに知っていること・できること？（前の学年や前の単元までに）

理由や具体例を引用して考えをまとめる。話題とまとめが対応するように書く。資料と文章を対応させて書く。

2　単元の目標

知識及び技能	思考力，判断力，表現力等	学びに向かう力，人間性等
・文と文との接続の関係，話や文章の構成や展開，話や文章の種類とその特徴について理解することができる。　((1)カ)	・目的や意図に応じて事実と感想，意見とを区別して書くなど，自分の考えが伝わるように書き表し方を工夫することができる。　(B(1)ウ) ・文章全体の構成や展開が明確になっているかなど，文章に対する感想や意見を伝え合い，自分の文章のよいところを見付けることができる。　(B(1)カ)	・言葉がもつよさを認識するとともに，進んで読書をし，国語の大切さを自覚して，思いや考えを伝え合おうとする。

3　単元で取り上げる言語活動とその特徴

　本単元では，言語活動例「ア　事象を説明したり意見を述べたりするなど，考えたことや伝えたいことを書く活動」を具体化し，意見文を書く活動を取り上げる。本活動では，地域の課題や新聞記事など子供の実生活に関わることから読み手に伝えたい題材を考え，情報の収集を行う。そして，伝える内容や構成を検討し，読み手が納得できるような理由や根拠を明確にする。さらに，反論を想定しながら書き表し方を工夫して意見文を書いていく。説得力のある理由や根拠の提示の仕方や反論に対する自分の考えの書き方などを友達と検討することで，自分の考えが伝わるように記述する能力を育成することができる。

　本単元の〔思考力，判断力，表現力等〕の目標との関連において，読み手が納得できるように，事実と感想，意見を区別したり，自分とは異なる反対の立場から考えを整理したりして，自分の考えが伝わるように書き表し方を工夫することができるようにすることに重点を置く。

4　単元の評価規準

知識・技能	思考・判断・表現	主体的に学習に取り組む態度
①文と文との接続の関係，話や文章の構成や展開，話や文章の種類とその特徴について理解している。　((1)カ)	①「書くこと」において，目的や意図に応じて事実と感想，意見とを区別して書くなど，自分の考えが伝わるように書き表し方を工夫している。　(B(1)ウ) ②「書くこと」において，文章全体の構成や展開が明確になっているかなど，文章に対する感想や意見を伝え合い，自分の文章のよいところを見付けている。　(B(1)カ)	①文章の構成やその特徴を理解し，意見文を書く活動を通して，自分の考えが伝わるように書き表し方を工夫することに向けた粘り強い取組を行う中で，自らの学習を調整しようとしている。

5 単元の指導と評価の計画（全6時間）

次	時	育成する資質・能力 と指導上の留意点	評価規準・評価方法等 【B】おおむね満足できる状況	主な学習活動
一	1	<学習課題> 読み手がなっとくできるように反ろんを予想して意見文を書こう。		・意見文の特徴を知り，題材を決める。 ・学習課題を確認し，学びのプランで学習を見通しをもつ。
二	2	文と文との接続の関係，話や文章の構成や展開，話や文章の種類とその特徴について理解している。（(1)カ）【知識・技能①：ワークシート（モデル文への書き込み）の記述の分析】		
		・モデル文に沿って，何が書かれているか全体を見通せるように表に整理するなどして提示する。	【B】モデルの意見文を読み，構成を理解し，冒頭部，展開部，終結部に書かれている内容を「自分の主張」，「反論と主張」など端的に書いて整理している。 <学びのプラン> 意見文の全体の構成，書き方が分かる。（分かること・できることア）	・モデル文を読み，書き表し方の工夫を見付け，理由や根拠の有効性について考えを深める。
	3 4	「書くこと」において，目的や意図に応じて事実と感想，意見とを区別して書くなど，自分の考えが伝わるように書き表し方を工夫している。（B(1)ウ）【思考・判断・表現①：構成表の記述の分析，話合いの観察】		
		・主張したいことの説得力を増すために，どのような理由や根拠で支えるのかを複数考え，友達と検討し，最適なものを選ぶように促す。	【B】主張を支える理由と根拠を示し，さらに，予想される反論とそれに対する考えを選び，構成表にまとめている。 <学びのプラン> 事実と意見を区別し，文末表現の書き表し方を工夫する。（考えること・表すことイ）	・反対意見を予想して対応を考え，意見文で取り上げる理由や根拠を選び，どうしたら相手を納得させられるか友達の意見を聞きながら，文章構成を考える。
三	5 6	「書くこと」において，文章全体の構成や展開が明確になっているかなど，文章に対する感想や意見を伝え合い，自分の文章のよいところを見付けている。（B(1)カ）【思考・判断・表現②：評価シートの記述内容の確認，話合いの観察】		
		・文章全体の構成や展開を観点として設定して評価したり，よさを発見したりできるように促す。	【B】友達の意見文を評価したり，友達の感想や意見に即した自分のよさを記述したりしている。 <学びのプラン> 意見文を読み合い，感想や意見を伝え合うとともに，自分のよさを見付ける。（考えること・表すことウ）	・意見文を読み合い，感想を伝え合う。
		文章の構成やその特徴を理解し，意見文を書く活動を通して，自分の考えが伝わるように書き表し方を工夫することに向けた粘り強い取組を行う中で，自らの学習を調整しようとしている。【主体的に学習に取り組む態度①：意見文の記述内容の確認，記述する様子の観察】		
		・意見文を書く過程を辿り，工夫したことや習得したこと等を確認しながら，単元全体の学習成果や課題を振り返ることができるようにする。	【B】事実と意見を区別するために文末表現に気を付け，教師や友達の助言をもらったり，既習の学習を振り返ったりしながら意見文を書いている。 <学びのプラン> 事実と意見を区別する書き表し方について工夫し，読み手がなっとくできるようにねばり強く自分の考えを伝えようとする。（工夫して学ぼうとすることエ）	・学びのプランの3観点に基づき学習を振り返る。

6　評価規準に基づく学習評価のポイント

＜第二次＞

【知識・技能①】文と文との接続の関係，話や文章の種類やその特徴について理解している。

　　モデル文を分析した記述内容から評価する。ここでは，冒頭部，展開部，終結部に何が書かれているのかを考えさせ，大事なポイントとして分かったことを短く書き留めるように指導する。その際，理由と根拠を基に自分の考えが書かれていることや，反論を予想した上で，自分の考えが書かれ，説得力を増す文章になっていることに気付くことができるようにする。モデル文を読み，構成を理解し，冒頭部，展開部，終結部に書かれている内容を「自分の主張」，「反論と主張」など端的に書いて整理している児童を「おおむね満足できる」状況（B）とする。

【思考・判断・表現①】「書くこと」において，目的や意図に応じて事実と感想，意見とを区別して書くなど，自分の考えが伝わるように書き表し方を工夫している。

　　説得力のある文章にするために選んだ理由や根拠を並べた構成表の記述内容から評価する。ここでは，主張を読み手に分かりやすく伝えるために，主張と理由や根拠は関連付けられ効果的であるか，予想した反論は相手を説得するのに適切かを検討するように指導する。主張を支える理由と根拠を示し，予想される反論とそれに対する考えを選び，構成表にまとめている児童を「おおむね満足できる」状況（B）とする。

＜第三次＞

【思考・判断・表現②】「書くこと」において，文章全体の構成や展開が明確になっているかなど，文章に対する感想や意見を伝え合い，自分の文章のよいところを見付けている。

　　意見文の構成や書き方の工夫，文末表現など意見文を書くためのポイントをまとめた評価シートの記述内容の確認と話合いの様子の観察から評価する。ここでは，話合いにおいて，単元の学習を通して学んだことを評価の観点とし，よいところを伝え合うよう指導する。文章全体の構成や展開を中心とした観点に沿って友達の意見文を評価し，自分で自分の文章のよいと思ったところや，友達に気付かされた自分のよさを記述できている児童を「おおむね満足できる」状況（B）とする。

【主体的に学習に取り組む態度①】文章の構成やその特徴を理解し，意見文を書く活動を通して，自分の考えが伝わるように書き表し方を工夫することに向けた粘り強い取組を行う中で，自らの学習を調整しようとしている。

　　意見文の内容や記述の様子の観察から評価する。ここでは，意見文を書く過程を辿り，習得したこと等を確認しながら，単元全体の学習成果や課題を振り返ることできるように指導する。文章の構成やその特徴を理解し，自分の考えが伝わるように書き表し方を工夫することに粘り強く取り組んでいる意思的な側面を捉えることができる児童を「おおむね満足できる」状況（B）とする。

3 工夫された表現について話し合おう

大造じいさんとガン（光村図書）
大造じいさんとがん（学校図書・教育出版・東京書籍）

1 単元の概要

　本単元では，〔知識及び技能〕の「(1)言葉の特徴や使い方に関する事項」の「表現の技法」，〔思考力，判断力，表現力等〕の「Ｃ　読むこと」の「精査・解釈」を取り上げる。これらの指導「事項」を身に付けることができるように，学習課題「表現の効果を考えよう。」を設定し，全6時間で単元の指導と評価を構想する。

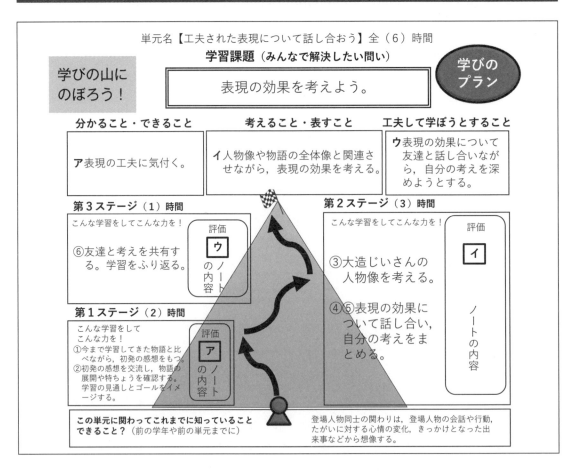

2 単元の目標

知識及び技能	思考力，判断力，表現力等	学びに向かう力，人間性等
・比喩や反復などの表現の工夫に気付くことができる。((1)ク)	・人物像や物語などの全体像を具体的に想像したり，表現の効果を考えたりすることができる。 (C(1)エ)	・言葉がもつよさを認識するとともに，進んで読書をし，国語の大切さを自覚して思いや考えを伝え合おうとする。

3 単元で取り上げる言語活動とその特徴

　本単元では，言語活動例「イ　詩や物語，伝記などを読み，内容を説明したり，自分の生き方などについて考えたことを伝え合ったりする活動」を具体化し，工夫された表現について話し合う活動を取り上げる。本活動では，使用する教材文「大造じいさんとガン」には，情景描写等の優れた表現が多く散りばめられており，中心人物の心情の変化と関わらせながら表現の効果についての自分の考えをまとめる能力を育成することに適している作品である。反面，そのような暗示性の高い表現に慣れない児童にとっては，その表現の効果を考えることは難しいと感じる可能性も考えられる。そこで，第一次で工夫された表現とはどのようなものをいうのかを確認する時間を確保したり，第二次でその中から特に印象に残った表現を選んで友達と話し合う場を設定したりするなど，段階を踏んで自分の考えをまとめていけるようにする。

　本単元の〔思考力，判断力，表現力等〕の目標との関連において，まず，残雪の行動に対する大造じいさんの心情の変化を読み，大造じいさんの人物像について具体的に想像した後，想像した人物像や物語の全体像に関わらせながら，情景描写など様々な表現が読み手に与える効果について，自分の考えを明らかにできるようにする。

4 単元の評価規準

知識・技能	思考・判断・表現	主体的に学習に取り組む態度
①比喩や反復などの表現の工夫に気付いている。　　((1)ク)	①「読むこと」において，人物像や物語などの全体像を具体的に想像したり，表現の効果を考えたりしている。　　(C(1)エ)	①比喩や反復などの表現の工夫に気付き，表現の工夫について話し合う活動を通して，表現の効果を考える粘り強い取組を行う中で，自らの学習を調整しようとしている。

5 単元の指導と評価の計画 （全6時間）

次	時	育成する資質・能力 と指導上の留意点	評価規準・評価方法等 【B】おおむね満足できる状況	主な学習活動
一	1 2			・これまで学習した物語と比較しながら，初発の感想をもつ。
		比喩や反復などの表現の工夫に気付いている。((1)ク)【知識・技能①：ノートの記述の確認】		
		・既習の物語と比較したりその表現がある場合とない場合を比較したりして，比喩や反復，倒置等，様々な表現の工夫に気付けるようにする。	【B】どの部分にどのような表現の工夫がされているのか気付き，それらの表現の効果を考えていくという学習課題との関連を理解している。 <学びのプラン> 表現の工夫に気付く。（分かること・できることア）	・初発の感想を交流し，物語の展開や特徴を話し合う。 ・学習課題を設定し，学びのプランを立てる。
		<学習課題>　表現の効果を考えよう。		
二	3 4 5	「読むこと」において，人物像や物語などの全体像を具体的に想像したり，表現の効果を考えたりしている。(C(1)エ)【思考・判断・表現①：ノートの記述の分析】		
		・様々な表現が読み手に与える効果について自分の考えを明らかにできるよう，想像した人物像や物語の全体像に関わらせながら考えられるようにする。 ・学習課題の解決のために，友達と話し合う場を設ける。	【B】自分が印象に残った表現を選び，それについて人物像や物語の全体像と関わらせながら表現の効果について考えている。 <学びのプラン> 人物像や物語の全体像と関連させながら，表現の効果を考える。（考えること・表すことイ）	・残雪の行動に対する大造じいさんの心情の変化を読み，大造じいさんの人物像について具体的に想像する。大造じいさんの人物像と関わらせながら，情景描写など表現の効果について考える。 ・同じ表現を選んだ友達との話合いを通して考えを深めたり，他の表現を選んだ友達との話し合いを通して物語全体に与える効果を考えたりする。
三	6	比喩や反復などの表現の工夫に気付き，表現の工夫について話し合う活動を通して，表現の効果を考える粘り強い取組を行う中で，自らの学習を調整しようとしている。【主体的に学習に取り組む態度①：ノートの記述の分析】		
		・学習課題の解決のために有効だったことや，今後に生かしたいこと等について，学びのプランを用いて丁寧な振り返りができるようにする。	【B】単元の学習を通して表現の効果について考えるために試行錯誤したことや，学びが深まったことなどについて記述している。 <学びのプラン> 表現の効果について友達と話し合いながら，自分の考えを深めようとする。（工夫して学ぼうとすることウ）	・前時にまとめた考えを友達と共有する。 ・学びのプランの3観点に基づき，本単元の学びを振り返り，意味付ける。

6 評価規準に基づく学習評価のポイント

＜第一次＞

【知識・技能①】比喩や反復などの表現の工夫に気付いている。

　初発の感想を書き，交流したことを書き留めたノートの記述内容から評価する。ここでは，既習の物語と比較したりその表現がある場合とない場合を比較したりして，比喩や反復，倒置等，様々な表現の工夫に気付けるように指導する。また，表現の工夫への気付きを，「表現の効果を考えよう。」という学習課題につなげていけるようにする。どの部分にどのような表現の工夫がされているのか気付き，学習課題との関連を理解している児童を「おおむね満足できる」状況（Ｂ）とする。

＜第二次＞

【思考・判断・表現①】「読むこと」において，人物像や物語などの全体像を具体的に想像したり，表現の効果を考えたりしている。

　表現の効果について自分の考えをまとめたノートの記述内容から評価する。ここでは，まず，残雪の行動に対する大造じいさんの心情の変化を読み，大造じいさんの人物像について具体的に想像できるように指導する。次に，想像した人物像や物語の全体像に関わらせながら，情景描写など様々な表現が読み手に与える効果について，友達との話合いを通して自分の考えを明らかにできるように指導する。その際，第一次で確認した工夫された表現の中から，自分が印象に残った表現を選んでその効果を考えるようにする。同じ表現を選んだ友達との話合いを通して考えを深めたり，他の表現を選んだ友達との話合いを通して物語全体に与える効果やそれぞれの表現の関連を考えたりできるよう指導する。自分が印象に残った表現を選び，それについて人物像や物語の全体像と関わらせながら表現の効果について考えている児童を「おおむね満足できる」状況（Ｂ）とする。

＜第三次＞

【主体的に学習に取り組む態度①】比喩や反復などの表現の工夫に気付き，表現の工夫について話し合う活動を通して，表現の効果を考える粘り強い取組を行う中で，自らの学習を調整しようとしている。

　学習全体についての振り返りを書いたノートの記述内容から評価する。ここでは，学習課題の解決のために有効だったことや，今後に生かしたいこと等について記述するように指導する。「話合いを通して，自分が選んだ表現と友達が選んだ表現が，残雪の行動に対する大造じいさんの心情の変化と関連していることが分かった」等の記述や，話合いを通して気付いたことを取り入れて自分の考えを再度まとめている様子等，学習課題の解決のために試行錯誤しながら学習しようとしたと判断できる児童を「おおむね満足できる」状況（Ｂ）とする。

4 目的や立場を明確にして話し合おう

みんなで楽しく過ごすために（光村図書）
話し合って考えを深めよう（東京書籍）
地域の防災について話し合おう（教育出版）

1　単元の概要

　本単元では，〔知識及び技能〕の「(2)情報の扱い方に関する事項」の「情報の整理」，〔思考力，判断力，表現力等〕の「A　話すこと・聞くこと」の「話合いの進め方の検討，考えの形成，共有」を取り上げる。これらの指導「事項」を身に付けることができるように，学習課題「『○○委員会アクションプラン』について，考えを広げたりまとめたりする話合いをしよう。」を設定し，全6時間で単元の指導と評価を構想する。

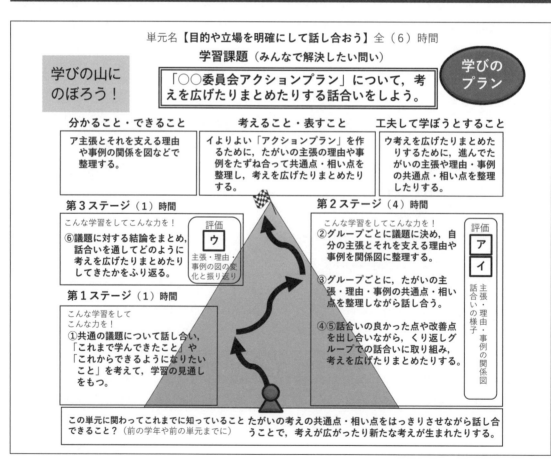

2　単元の目標

知識及び技能	思考力，判断力，表現力等	学びに向かう力，人間性等
・情報と情報との関係付けの仕方，図などによる語句と語句との関係の表し方を理解し使うことができる。　　　　　　　((2)イ)	・互いの立場や意図を明確にしながら計画的に話し合い，考えを広げたりまとめたりすることができる。　　　　　　（A(1)オ）	・言葉がもつよさを認識するとともに，進んで読書をし，国語の大切さを自覚して，思いや考えを伝え合おうとする。

3　単元で取り上げる言語活動とその特徴

　本単元では，言語活動例「ウ　それぞれの立場から考えを伝えるなどして話し合う活動」を具体化し，次回の委員会活動での話合いに向けて，事前に学級内の友達と話し合う活動を設定する。

　まず，各委員会の視点から学校の課題を考えて議題を決め，話し合いの目的を明確にする。その課題に対する解決方法について，一人一人が自分の主張とそれを支える理由や事例を図や表にまとめる活動を通して，情報と情報との関係付けの仕方について理解し，使えるようにしていく。また，その図や表等を基に，互いの立場を明確にしながら計画的に話し合う活動に取り組ませた上で，「話合いの進め方の検討」を再度行い，話合いのよかった点や改善点を検討する場を設定する。

　この「話合いの進め方の検討」と「話し合う活動」に繰り返し取り組む場を設定していくことで，本単元の〔思考力，判断力，表現力等〕の目標との関連において，話合いを通して様々な視点から自分の考えを広げたりまとめたりすることができるようにする。

4　単元の評価規準

知識・技能	思考・判断・表現	主体的に学習に取り組む態度
①情報と情報との関係付けの仕方，図などによる語句と語句との関係の表し方を理解し使っている。　　　　　　　((2)イ)	①「話すこと・聞くこと」において，互いの立場や意図を明確にしながら計画的に話し合い，考えを広げたりまとめたりしている。　　　　　　（A(1)オ）	①情報と情報との関係付けの仕方，図などによる語句と語句との関係の表し方を理解し使い，それぞれの立場から考えを伝えて話し合う活動を通して，考えを広げたりまとめたりすることに向けた粘り強い取組を行う中で，自らの学習を調整しようとしている。

5 単元の指導と評価の計画（全6時間）

次	時	育成する資質・能力と指導上の留意点	評価規準・評価方法等【B】おおむね満足できる状況	主な学習活動
一	1	<学習課題> 「○○委員会アクションプラン」について，考えを広げたりまとめたりする話合いをしよう。		・共通の議題について話し合う。 ・話合いを振り返り，既習事項と本単元で身に付ける力を確かめて学びのプランを立てる。
二	2	情報と情報との関係付けの仕方，図などによる語句と語句との関係の表し方を理解し使っている。（(2)イ）【知識・技能①：「主張・理由・事例の関係図」の点検】		
		・複数の事例を丸で囲み，主張と線でつないでまとめたり，主張と理由を矢印で結び付けたりしている子供を取り上げ，関係付けの仕方，図での表し方として共有する。	【B】「アクションプラン」の主張とその理由，具体的な事例を関係付けて図化している。 <学びのプラン> 主張とそれを支える理由や事例の関係を図などで整理する。（分かること・できることア）	・グループごとに議題を決め，自分の考えを「主張・理由・事例の関係図」に表す。
	3 4 5	「話すこと・聞くこと」において，互いの立場や意図を明確にしながら計画的に話し合い，考えを広げたりまとめたりしている。（A(1)オ）【思考・判断・表現①：「主張・理由・事例の関係図」の確認，話合いの観察】		
		・互いの主張とそれを支える理由や事例の共通点・相違点を確かめながら，提案内容に取り入れられることを「主張・理由・事例の関係図」に書き加えていくように助言する。	【B】話合いの目的である「アクションプラン」の作成に向けて，互いの主張を明確にし，理由や事例を尋ね合いながら共通点・相違点を整理して考えを広げ，よりよいプランをまとめている。 <学びのプラン> よりよい「アクションプラン」を作るために，たがいの主張の理由や事例をたずね合って共通点・相い点を整理し，考えを広げたりまとめたりする。（分かること・できることイ）	・グループごとに，互いの考えの共通点・相違点を整理しながら話し合う。 ・話合いのよかった点や改善点を出し合いながら，繰り返し話合いに取り組み，考えを広げたりまとめたりする。
三	6	情報と情報との関係付けの仕方，図などによる語句と語句との関係の表し方を理解し使い，それぞれの立場から考えを伝えて話し合う活動を通して，考えを広げたりまとめたりすることに向けた粘り強い取組を行う中で，自らの学習を調整しようとしている。【主体的に学習に取り組む態度①：「主張・理由・事例の関係図」の分析】		
		・「アクションプラン」についての考えを広げたりまとめたりする中で，どんなことで困り，それをどう改善していったかを振り返って記述するようにする。	【B】話合いを通して考えを広げたりまとめたりしたことを基に，主張やそれを支える理由・事例を見直し，書き換えたり書き加えたりしている。 <学びのプラン> 考えを広げたりまとめたりするために，進んでたがいの主張や理由・事例の共通点・相い点を整理したりする。（工夫して学ぼうとすることウ）	・議題に対する結論をまとめ，話合いを通して，どのように考えを広げたりまとめたりしてきたかを振り返る。

6　評価規準に基づく学習評価のポイント

＜第二次＞

【知識・技能①】情報と情報との関係付けの仕方，図などによる語句と語句との関係の表し方を理解し使っている。

　「○○委員会アクションプラン」についての「主張・理由・事例の関係図」の記述内容から評価する。ここでは，集めた情報を全て書くのではなく，主張を明確にするために必要な理由や事例を整理し，それらの関係をまとめるように指導する。主張とそれを支える理由や具体的な事例の関係付けに整合性がある児童を「おおむね満足できる」状況（B）とする。

【思考・判断・表現①】「話すこと・聞くこと」において，互いの立場や意図を明確にしながら計画的に話し合い，考えを広げたりまとめたりしている。

　話合いの様子と，話合いを通して書き換えたり書き加えたりした「主張・理由・事例の関係図」の状況から評価する。ここでは，「○○委員会アクションプラン」についての考えを広げたりまとめたりするために，単に相手を説得するのではなく，「主張・理由・事例の関係図」を基にして，互いの主張を支える理由や事例の共通点・相違点を確かめながら，よりよい提案内容に向けて話し合うように指導する。また，話合いの進め方についてもよかった点や改善点を検討する場を設定し，より計画的に話合いを進めていくことができるように指導する。その中で，話合いの目的である「アクションプラン」の作成に向けて，互いの主張を明確にし，それを支える理由や事例を尋ね合いながら共通点・相違点を整理して考えを広げ，よりよいプランをまとめている児童を「おおむね満足できる」状況（B）とする。

＜第三次＞

【主体的に学習に取り組む態度①】情報と情報との関係付けの仕方，図などによる語句と語句との関係の表し方を理解し使い，それぞれの立場から考えを伝えて話し合う活動を通して，考えを広げたりまとめたりすることに向けた粘り強い取組を行う中で，自らの学習を調整しようとしている。

　話合いを通して書き換えたり書き加えたりしてきた「主張・理由・事例の関係図」の記述内容の変化と，話合いの進め方についての振り返りから評価する。「主張・理由・事例の関係図」については，単元初めから自分の考えがどのように変化してきたかを明確にして書き換えたり書き加えたりするように指導する。話合いの進め方についての振り返りは，「アクションプラン」についての考えを広げたりまとめたりする中でどんなことで困り，それをどのように改善していったかを記述するように指導する。話合いを基に「主張・理由・事例の関係図」の関係付けの整合性を高めようと繰り返し図の修正に取り組んだり，考えを広げたりまとめたりするために話合いの進め方の改善点を考え，試行錯誤を繰り返したりしていると判断できる児童を「おおむね満足できる」状況（B）とする。

5 言葉を整えて短歌を作り，歌会をしよう

言葉を選んで，短歌を作ろう（光村図書）
俳句を作ろう（教育出版）
心が動いたことを三十一音で表そう（東京書籍）

1　単元の概要

　本単元では，〔知識及び技能〕の「(1)言葉の特徴や使い方に関する事項」の「語彙」及び「(3)我が国の言語文化に関する事項」の「伝統的な言語文化」，〔思考力，判断力，表現力等〕の「B　書くこと」の「推敲」を取り上げる。これらの指導「事項」を身に付けることができるように，学習課題「自分の思いが伝わるように言葉を整えて短歌を作り，歌会をしよう。」を設定し，全4時間で単元の指導と評価を構想する。

学びのプラン

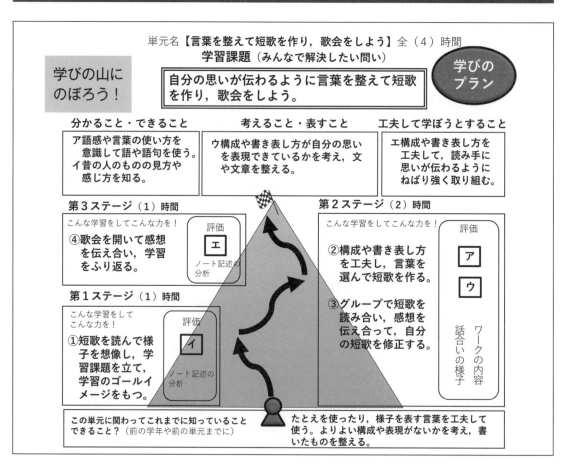

単元名【言葉を整えて短歌を作り，歌会をしよう】全（4）時間
学習課題（みんなで解決したい問い）

> 自分の思いが伝わるように言葉を整えて短歌を作り，歌会をしよう。

学びの山にのぼろう！

学びのプラン

分かること・できること
ア語感や言葉の使い方を意識して語や語句を使う。
イ昔の人のものの見方や感じ方を知る。

考えること・表すこと
ウ構成や書き表し方が自分の思いを表現できているかを考え，文や文章を整える。

工夫して学ぼうとすること
エ構成や書き表し方を工夫して，読み手に思いが伝わるようにねばり強く取り組む。

第3ステージ（1）時間
こんな学習をしてこんな力を！
④歌会を開いて感想を伝え合い，学習をふり返る。
評価 エ
ノート記述の分析

第2ステージ（2）時間
こんな学習をしてこんな力を！
②構成や書き表し方を工夫し，言葉を選んで短歌を作る。
③グループで短歌を読み合い，感想を伝え合って，自分の短歌を修正する。
評価 ア ウ
ワークの内容　話合いの様子

第1ステージ（1）時間
こんな学習をしてこんな力を！
①短歌を読んで様子を想像し，学習課題を立て，学習のゴールイメージをもつ。
評価 イ
ノート記述の分析

この単元に関わってこれまでに知っていることできること？（前の学年や前の単元までに）

たとえを使ったり，様子を表す言葉を工夫して使う。よりよい構成や表現がないかを考え，書いたものを整える。

2 単元の目標

知識及び技能	思考力，判断力，表現力等	学びに向かう力，人間性等
・語感や言葉の使い方に対する感覚を意識して，語や語句を使うことができる。 　　　　　　　　((1)オ) ・古典について解説した文章を読んだり作品の内容の大体を知ったりすることを通して，昔の人のものの見方や感じ方を知ることができる。 　　　　　　　　((3)イ)	・文章全体の構成や書き表し方などに着目して，文や文章を整えることができる。 　　　　　　　　(B(1)オ)	・言葉がもつよさを認識するとともに，進んで読書をし，国語の大切さを自覚して，思いや考えを伝え合おうとする。

3 単元で取り上げる言語活動とその特徴

　本単元では，言語活動例「イ　短歌や俳句をつくるなど，感じたことや想像したことを書く活動」を具体化し，短歌を作る活動を取り上げる。本活動では，生活の中の様々な場面から自分の楽しみや喜びなどを探し，その時の様子や気持ちを細かく思い出して情報の収集を行う。そして，短歌にしたい場面やその思いを伝える構成を検討し，自分の思いが読み手へと伝わり共感を呼ぶような表現を追求していく。構成や書き表し方などを友達と検討することで，自分の考えが伝わるように言葉を選んで表現する能力を育成することができる。

　本単元の〔思考力，判断力，表現力等〕の目標との関連において，短歌にしたいテーマについて掘り起こす観点や，短歌にしたい場面及び気持ちを言葉にするための技法を理解した上で，自分の思いが伝わるように言葉を整えることができるようにすることに重点を置く。

4 単元の評価規準

知識・技能	思考・判断・表現	主体的に学習に取り組む態度
①語感や言葉の使い方に対する感覚を意識して，語や語句を使っている。　((1)オ) ②古典について解説した文章を読んだり作品の内容の大体を知ったりすることを通して，昔の人のものの見方や感じ方を知っている。　((3)イ)	①「書くこと」において，文章全体の構成や書き表し方などに着目して，文や文章を整えている。 　　　　　　　　(B(1)オ)	①語感や言葉の使い方に対する感覚を意識して，語や語句を使い，短歌を作る活動を通して，全体の構成や書き表し方を工夫することに向けた粘り強い取組を行う中で，自らの学習を調整しようとしている。

5　単元の指導と評価の計画（全4時間）

次	時	育成する資質・能力と指導上の留意点	評価規準・評価方法等【B】おおむね満足できる状況	主な学習活動
一	1	<学習課題>　自分の思いが伝わるように言葉を整えて短歌を作り，歌会をしよう。		・学習課題を確認し，学びのプランで学習の見通しをもつ。
		古典について解説した文章を読んだり作品の内容の大体を知ったりすることを通して，昔の人のものの見方や感じ方を知っている。((3)イ)【知識・技能②：ノートの記述の分析】		
		・短歌を読み，情景を想像することで，昔の人のものの見方や感じ方に共感できるようにする。	【B】短歌の内容を知り，昔の人のものの見方や感じ方に共感できる部分を見付け，ノートに記述している。 <学びのプラン> 昔の人のものの見方や感じ方を知る。（分かること・できることイ）	・短歌を声に出して読んで，様子を想像する。
二	2	語感や言葉の使い方に対する感覚を意識して，語や語句を使っている。((1)オ)【知識・技能①：ワークシートの記述の分析】		
		・比喩やオノマトペなどの表現，助詞の使い方など表現を見直す観点を提示し，自分の表現に取り入れられるようにする。	【B】比喩やオノマトペなどの技法，語順の入れ替えなどを行い，表現の工夫をしながら短歌を作っている。 <学びのプラン> 語感や言葉の使い方を意識して語や語句を使う。（分かること・できることア）	・構成や書き表し方を工夫して，自分の思いが伝わるように言葉を選んで，短歌を作る。
	3	「書くこと」において，文章全体の構成や書き表し方などに着目して，文や文章を整えている。(B(1)オ)【思考・判断・表現①：ワークシートの記述の分析，話合いの観察】		
		・これまで学んだことを基に構成や書き表し方について感想を述べ合うことができるよう話合いの場を設定する。	【B】構成や書き表し方という観点で，これまでに学んだことを想起しながら，よりよい表現にするために短歌を修正している。 <学びのプラン> 構成や書き表し方が自分の思いを表現できているかを考え，文や文章を整える。（考えること・表すことウ）	・グループ内で読んで，感想を伝え合い修正し，短歌を完成させ，短冊に書く。 ・グループで歌会に出品する代表を1点選ぶ。
三	4	語感や言葉の使い方に対する感覚を意識して，語や語句を使い，短歌を作る活動を通して，全体の構成や書き表し方を工夫することに向けた粘り強い取組を行う中で，自らの学習を調整しようとしている。【主体的に学習に取り組む態度①：ノートの記述の分析】		
		・学びのプランを用いて，習得したことや工夫したこと等について，単元全体の学習成果や課題を振り返ることができるようにする。	【B】単元の学習で習得したことや粘り強く取り組んだこと，自分や友達の表現のよさなどについて記述している。 <学びのプラン> 構成や書き表し方を工夫して，読み手に思いが伝わるようにねばり強く取り組む。（工夫して学ぼうとすることエ）	・歌会を開き，出された短歌について感想を伝え合う。 ・学びのプランの3観点に基づき学習を振り返る。

6 評価規準に基づく学習評価のポイント

＜第一次＞

【知識・技能②】古典について解説した文章を読んだり作品の内容の大体を知ったりすることを通して，昔の人のものの見方や感じ方を知っている。

　短歌を声に出して読み，情景を想像し，共感できるところを記述したノートから評価する。ここでは，教師と一緒に数首の短歌を読み，内容を想像することで，昔の人の見方や感じ方のどこに共感ができるのかについて考えさせ，現代の生活や感性とも比べながら書き留めるように指導する。短歌の内容を知り，昔の人のものの見方や感じ方に共感できる部分を見付け，ノートに記述していると判断できる児童を「おおむね満足できる」状況（B）とする。

＜第二次＞

【知識・技能①】語感や言葉の使い方に対する感覚を意識して，語や語句を使っている。

　比喩やオノマトペなどの表現技法の例など表現を見直す観点が示された，自分の表現の工夫を書き留めるワークシートの記述内容から評価する。ここでは，表現を見直す観点を踏まえ，作った短歌に対して，どうしてこのような表現にしたのかを説明できるように指導する。比喩やオノマトペなどの技法，語順の入れ替えなどを行い，表現の工夫をしながら短歌を作っていると判断できる児童を「おおむね満足できる」状況（B）とする。

【思考・判断・表現①】「書くこと」において，文章全体の構成や書き表し方などに着目して，文や文章を整えている。

　ワークシートへの記述内容から評価する。ここでは，これまでに学んだ構成や書き表し方を振り返りながら推敲していく。構成は効果的か，より適切な言葉はないかなど，既習事項を基に考えるように指導する。その際，歌会のグループ代表を決めるという目的を意識させ，友達との交流によって短歌をよりよく仕上げたいという意欲を高めることができるよう指導する。構成や書き表し方という観点で，これまでに学んだことを想起しながら，よりよい表現にするために短歌を修正していると判断できる児童を「おおむね満足できる」状況（B）とする。

＜第三次＞

【主体的に学習に取り組む態度①】語感や言葉の使い方に対する感覚を意識して，語や語句を使い，短歌を作る活動を通して，全体の構成や書き表し方を工夫することに向けた粘り強い取組を行う中で，自らの学習を調整しようとしている。

　単元全体を振り返り，自分の思いが伝わるように工夫したことや粘り強く取り組んだことなどについてノートの記述内容から評価する。ここでは，単元の学習を通して，習得したことや粘り強く取り組んだこと，自分や友達の表現のよさなどについて記述するように指導する。記述の内容として，「言葉の一つ一つを考えて，順番を何度も入れ替えて感じの違いを確認しながら，自分の思いが伝わる短歌にすることができた」など，工夫して学習しようとしていると判断できる児童を「おおむね満足できる」状況（B）とする。

6 筆者の主張をとらえ，自分の考えをまとめよう

笑うから楽しい（光村図書）
時計の時間と心の時間（光村図書）

1　単元の概要

　本単元では，〔知識及び技能〕の「⑵情報の扱い方に関する事項」の「情報と情報との関係」，〔思考力，判断力，表現力等〕の「C　読むこと」の「構造と内容の把握」及び「考えの形成」を取り上げる。これらの指導「事項」を身に付けることができるように，学習課題「筆者の主張に対する自分の考えをまとめよう。」を設定し，全7時間で単元の指導と評価を構想する。

学びのプラン

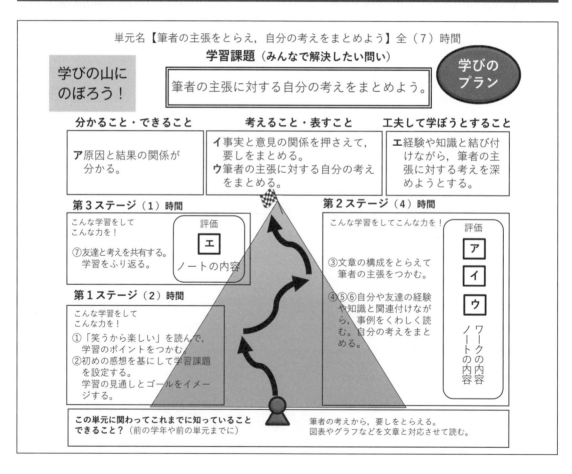

単元名【筆者の主張をとらえ，自分の考えをまとめよう】全（7）時間

学習課題（みんなで解決したい問い）

学びの山に
のぼろう！

筆者の主張に対する自分の考えをまとめよう。

学びの
プラン

分かること・できること

ア原因と結果の関係が分かる。

考えること・表すこと

イ事実と意見の関係を押さえて，要しをまとめる。
ウ筆者の主張に対する自分の考えをまとめる。

工夫して学ぼうとすること

エ経験や知識と結び付けながら，筆者の主張に対する考えを深めようとする。

第3ステージ（1）時間

こんな学習をして
こんな力を！

⑦友達と考えを共有する。学習をふり返る。

評価
エ
ノートの内容

第2ステージ（4）時間

こんな学習をしてこんな力を！

③文章の構成をとらえて筆者の主張をつかむ。

④⑤⑥自分や友達の経験や知識と関連付けながら，事例をくわしく読む。自分の考えをまとめる。

評価
ア
イ
ウ
ワークの内容
ノートの内容

第1ステージ（2）時間

こんな学習をして
こんな力を！

①「笑うから楽しい」を読んで，学習のポイントをつかむ。
②初めの感想を基にして学習課題を設定する。学習の見通しとゴールをイメージする。

この単元に関わってこれまでに知っていることできること？（前の学年や前の単元までに）

筆者の考えから，要しをとらえる。
図表やグラフなどを文章と対応させて読む。

2 単元の目標

知識及び技能	思考力，判断力，表現力等	学びに向かう力，人間性等
・原因と結果など情報と情報との関係について理解することができる。　　（(2)ア）	・事実と感想，意見などとの関係を叙述を基に押さえ，文章全体の構成を捉えて要旨を把握することができる。　　（C(1)ア） ・文章を読んで理解したことに基づいて，自分の考えをまとめることができる。　　（C(1)オ）	・言葉がもつよさを認識するとともに，進んで読書をし，国語の大切さを自覚して思いや考えを伝え合おうとする。

3 単元で取り上げる言語活動とその特徴

　本単元では，言語活動例「ア　説明や解説などの文章を比較するなどして読み，分かったことや考えたことを，話し合ったり文章にまとめたりする活動」を具体化し，筆者の主張に対する自分の考えを文章にまとめる活動を取り上げる。本活動で使用する教材文「時計の時間と心の時間」には，児童が共感しやすい事実や試してみたくなる簡単な実験が事例として挙げられている。自分の経験を基に友達と話し合って，筆者の挙げた事例の内容や意図を考えていくことで，筆者の主張に対する自分の考えをまとめる能力を育成することができる。

　本単元の〔思考力，判断力，表現力等〕の目標との関連において，単元を通して全文を一覧できる1枚のワークシートを用いて，事実と意見で色分けをして文章の構成を捉えられるようにする。また，同じワークシートに友達と話し合ったことを本文と関連付けながら書き込んでいくことで，第二次までに学習したことを生かして，第三次で自分の経験や知識と結び付けながら自分の考えをまとめられるようにする。

4 単元の評価規準

知識・技能	思考・判断・表現	主体的に学習に取り組む態度
①原因と結果など情報と情報との関係について理解している。　　（(2)ア）	①「読むこと」において，事実と感想，意見などとの関係を叙述を基に押さえ，文章全体の構成を捉えて要旨を把握している。（C(1)ア） ②「読むこと」において，文章を読んで理解したことに基づいて，自分の考えをまとめている。　　（C(1)オ）	①情報と情報との関係を理解し，分かったことや考えたことを文章にまとめる活動を通して，自分の考えをまとめることに向けた粘り強い取組を行う中で，自らの学習を調整しようとしている。

5 単元の指導と評価の計画（全10時間）

次	時	育成する資質・能力と指導上の留意点	評価規準・評価方法等 【B】おおむね満足できる状況	主な学習活動
一	1 2	<学習課題> 筆者の主張に対する自分の考えをまとめよう。		・「笑うから楽しい」を読み，主張と事例の関係などをつかむ。 ・学習課題を設定し，学びのプランを立てる。
二	3	「読むこと」において，事実と感想，意見などとの関係を叙述を基に押さえ，文章全体の構成を捉えて要旨を把握している。（C(1)ア）【思考・判断・表現①：ワークシートの記述の確認，ノートの記述の確認】		
		・筆者の考えの中心となる事柄や，どのような事実を事例として挙げているのか，文章全体を通して正確に捉えられるようにする。	【B】筆者の主張と，それを支えるために筆者がどのような事実を事例として挙げているのかを捉え，要旨をまとめている。 <学びのプラン> 事実と意見の関係を押さえて，要旨をまとめる。**（考えること・表すことイ）**	・全文を一覧できるワークシートを活用し，事実と意見を色分けしたり事例に小見出しをつけたりしながら文章全体の構成を捉えて要旨をまとめる。
	4 5 6	原因と結果など情報と情報との関係について理解している。（(2)ア）【知識・技能①：ワークシートの記述の確認】		
		・「心の時間」のちがいという事象が，どのような原因によって起こるのか，図式化するなどして，原因と結果の関係を見いだせるようにする。	【B】事例で述べられている原因と結果の関係や，それらの事例から導き出された筆者の主張との関係について理解している。 <学びのプラン> 原因と結果の関係が分かる。**（分かること・できることア）**	・四つの事例に書かれている因果関係を図式化するなどして，事例の内容や筆者の主張との関連を理解する。必要に応じて実験を試したり，図やグラフと関連付けたりして読む。
		「読むこと」において，文章を読んで理解したことに基づいて，自分の考えをまとめている。（C(1)オ）【思考・判断・表現②：ノートの記述の分析】		
		・自分の経験や考えを友達と話し合う場を設ける。 ・文章を読んで理解した内容と自分の経験や知識と結び付けて自分の考えをまとめられるようにする。	【B】筆者の主張について，自分の経験や知識と結び付けて自分の考えをまとめている。 <学びのプラン> 筆者の主張に対する自分の考えをまとめる。**（考えること・表すことウ）**	・それぞれの事例や筆者の主張について，自分の経験を振り返って共有し合う。 ・筆者の主張に対して，自分の経験を基にどのように考えたか，自分の考えをまとめる。
三	7	情報と情報との関係を理解し，分かったことや考えたことを文章にまとめる活動を通して，自分の考えをまとめることに向けた粘り強い取組を行う中で，自らの学習を調整しようとしている。【主体的に学習に取り組む態度①：ノートの記述の分析】		
		・学習課題の解決のために有効だったことや，今後に生かしたいこと等について，学びのプランを用いて丁寧な振り返りができるようにする。	【B】単元の学習を通して自分の考えをまとめるために試行錯誤したことや，学びが深まったことなどについて記述している。 <学びのプラン> 経験や知識と結び付けながら，筆者の主張に対する考えを深めようとする。**（工夫して学ぼうとすることエ）**	・前時にまとめた考えを共有し，感想を伝え合う。 ・学びのプランに基づき本単元の学びを振り返り，意味付ける。

6　評価規準に基づく学習評価のポイント

＜第二次＞

【思考・判断・表現①】「読むこと」において，事実と感想，意見などとの関係を叙述を基に押さえ，文章全体の構成を捉えて要旨を把握している。

　　本文全体を一覧できるワークシート（単元を通して１枚のワークシートを使用する）への記述内容と要旨をまとめたノートの記述内容から評価する。ここでは，筆者の考えの中心となる事柄や，事例として挙げている事実を，文章全体を通して正確に捉えられるように，事実と意見を色分けしたり事例に小見出しを付けたりして文章全体の構成を捉えられるように指導する。筆者の主張と，それを支えるために筆者がどのような事実を事例として挙げているのかを捉え，要旨をまとめている児童を「おおむね満足できる」状況（B）とする。

【知識・技能①】原因と結果など情報と情報との関係について理解している。

　　ワークシートへの記述内容から評価する。ここでは，筆者の主張する「『心の時間』のちがい」という事象がどのような原因によって起こるのか，図式化したり，例示されている実験を試して図やグラフと関連付けて読んだりして，原因と結果の関係を見いだせるように指導する。事例で述べられている原因と結果の関係や，それらの事例から導き出された筆者の主張との関係について理解している児童を「おおむね満足できる」状況（B）とする。

【思考・判断・表現②】「読むこと」において，文章を読んで理解したことに基づいて，自分の考えをまとめている。

　　自分の考えをまとめたノートの記述内容から評価する。ここでは，前時までの学習を振り返り，文章を読んで理解した筆者の主張について，自分の経験や知識，友達と話し合った内容などと結び付けて，自分の考えをまとめられるように指導する。筆者の主張について，自分の経験や知識と結び付けて自分の考えをまとめている児童を「おおむね満足できる」状況（B）とする。

＜第三次＞

【主体的に学習に取り組む態度①】情報と情報との関係を理解し，分かったことや考えたことを文章にまとめる活動を通して，自分の考えをまとめることに粘り強い取組を行う中で，自らの学習を調整しようとしている。

　　学習全体についての振り返りを書いたノートの記述内容から評価する。ここでは，学習課題の解決のために有効だったことや，今後に生かしたいこと等について記述するように指導する。「筆者の主張や事例について，共感する部分や疑問に感じる部分などを友達と話し合うことで自分の考えをまとめることができた」等，学習課題の解決のために試行錯誤しながら学習しようとしたと判断できる児童を「おおむね満足できる」状況（B）とする。

おわりに

　学習指導要領は，昭和22（1947）年の試案が始まりで，昭和33（1958）年に法的拘束力をもつ告示となり，以降，約10年ごとに，今回の学習指導要領改訂まで，平成15（2003）年の一部改訂を含め，10回の改訂が行われてきました。学習指導要領には，それぞれの時代に培うべき基礎学力の内容が示されており，時代が求める学力（資質・能力）の育成を図ることにより，日本の学校教育における教育の機会均等を保障してきました。

　学習指導要領によって示された教育内容が子供たちに育成されたかを，学習の記録として残すものが指導要録です。指導要録は，学習指導要領の改訂に合わせ，その都度，改訂されています。指導要録では学習の記録として，学習指導要領に示されている内容が当該学年で育成することが実現出来たかを学習評価の総括として，評定を記入します。

　指導要録における学習評価は，昭和23（1948）年の学籍簿（昭和24年に指導要録と名称を変更）では，集団に準拠した評価（相対評価）として，5は7％，4は24％，3は38％，2は24％，1は7％と，集団の中での評定の割合が決められていました。

　学習評価が変わったのは，昭和52（1977）年の学習指導要領に合わせた昭和55（1980）年の指導要録の改善です。観点別学習状況の評価として認知面の「知識・技能」だけでなく，同時に，情意面からの評価として「関心・態度」が導入されました。

　戦後の日本の学校教育では，勉強が出来るということは，ペーパーテストでよい点数を取ること，とされてきました。知識の習得の量と再生する正確性が，そこでは求められています。今日，知識の習得や再生は，ICT（Information and Communication Technology）を活用すれば，暗記していなくても簡単に獲得することが出来ます。そこにも認められるように，社会的な状況の変化の中で，学校で育成すべき資質・能力（学力）の内容が大きく変わろうとしています。

　平成13（2001）年の指導要録から「目標に準拠した評価（いわゆる絶対評価）」が導入されました。学習評価が大きく転換したのです。そこでは，学習指導要領の「目標」の「内容」に示されている「事項」が評価の観点となりました。指導要録の学習評価は，平成22（2010）年の改訂を経て，今回の平成31（2019）年改訂の「目標に準拠した評価」につながっています。

　平成31年改訂の指導要録では，学習評価の観点が平成19（2007）年に改訂された学校教育法第30条第2項に示されている学力の三つの要素としての〔知識及び技能〕，〔思考力，判断力，表現力等〕，〔主体的に学習に取り組む態度〕の3観点となりました。国語においてもこの三つの観点の資質・能力の育成を図ることが求められています。

　今回の学習指導要領改訂とそれに伴う指導要録の改訂とによって，日本の学校教育は大きな転換を図ろうとしています。戦後から今日までの約70年間の教育の在り方がよくないから転換するのではありません。時代状況が大きく変わり，これまでと同じ教育を行っていては，日本

が立ちいかなくなることが明確に見えているからです。学校教育を通して育成すべき資質・能力（学力）観が大きく変わったのです。先生方には，是非，そこに気付いていただきたいのです。

　育成すべき資質・能力を，授業（単元）の初めに目標として子供たちに示し，授業を通して目標の実現を図ることが，これからの国語の授業には求められています。国語の授業では，教科書に掲載されている教材を基にした授業が，これまで多く行われてきました。教材中心の授業と言えましょう。これからの時代に求められる国語の授業は，国語としての資質・能力を育成するため，教材ありきではなく，単元の目標として示した資質・能力の育成を図ることが重要となります。国語として育成すべき資質・能力は，学習指導要領に示されています。

　本書では，今回の学習指導要領改訂に基づいた資質・能力の育成と国語の授業づくり，さらに，単元を通して資質・能力が如何に育成されたかを，指導と学習評価を一体として捉えることの提案をしています。

　学習評価もこれまでの枠組みからの転換を図ることが，今回の学習指導要領改訂では求められています。これまでの学習評価は，これまでの時代には機能していました。しかし，これからの時代が求める資質・能力の育成には，機能しなくなっていることに気が付きたいと思います。例えば，ダイヤル式の電話は，現在使われなくなっています。スマートフォンによって，インターネットにも直ぐ繋がる時代となっています。教育も時代によって変わらなければ，旧態依然とした学力の育成に留まってしまいます。子供たちはこれからの時代，未来に生きます。未来に培う資質・能力の育成を図ることが教育には求められています。現状をこのままでよいと肯定し，現状の変革をしないことは，現在を踏襲していればそれですむので楽かもしれませんし，安定しているとも言えましょう。しかし，それでは未来を創ることは難しくなります。教育は，未来を創るのです。

　今回の学習指導要領改訂では，これまでの日本の教育が重視してきたコンテンツ・ベースの資質・能力と，一人一人の子供たちが自己の成長に合わせ自分自身で思考や判断や表現を行うためのコンピテンシー・ベースの資質・能力を，両輪として育成を図ろうとしています。

　日本の学校教育における国語の授業の大きな転換期において，これからの時代が求める国語の授業の役割と意義，方向性を示した内容となることを，本書では目指しました。今回の学習指導要領改訂に基づく国語の授業の内容の転換なくしては，これからの時代に生きる子供たちに国語の資質・能力を育成することは難しいと考えています。

　本書が，これからの時代の国語科の授業づくりのご参考になれば，幸甚です。

　最後になりますが，本書の刊行に当たり明治図書の木山麻衣子様に大変お世話になりました。ここに心よりお礼申し上げます。

2021年10月

　　　　　　　　　　　　　　　　　　　　　　　　　　　　　　　　　高木展郎

eizi)

【編著者紹介】
菊池　英慈（きくち　えいじ）
　　　　　茨城大学教育学部附属中学校副校長
樺山　敏郎（かばやま　としろう）
　　　　　大妻女子大学准教授
折川　　司（おりかわ　つかさ）
　　　　　金沢大学教授
髙木　展郎（たかぎ　のぶお）
　　　　　横浜国立大学名誉教授
【執筆者紹介】（執筆順）＊執筆箇所
髙木　展郎　横浜国立大学名誉教授
　　　　　　＊Chapter1　①-③
折川　　司　金沢大学教授
　　　　　　＊Chapter1　④，⑤
菊池　英慈　茨城大学教育学部附属中学校副校長
　　　　　　＊Chapter2
樺山　敏郎　大妻女子大学准教授
　　　　　　＊Chapter3
市川裕佳子　東京都町田市立鶴川第二小学校
　　　　　　＊Chapter4　①1，4
庭田　瑞穂　青森県田舎館村立田舎館小学校教頭
　　　　　　＊Chapter4　①2，5
南井　由紀　石川県教員総合研修センター基本研修課担当課長
　　　　　　＊Chapter4　①3，6
廣口　知世　広島大学附属小学校
　　　　　　＊Chapter4　②1，4
平山　道大　北海道教育庁オホーツク教育局主査
　　　　　　＊Chapter4　②2，5
青木　大和　千葉大学教育学部附属小学校
　　　　　　＊Chapter4　②3，6
溝上　剛道　熊本大学教育学部附属小学校
　　　　　　＊Chapter4　③1，4
尾﨑　裕樹　鹿児島県錦江町教育委員会教育課参事兼指導主事
　　　　　　＊Chapter4　③2，5
村松　裕香　東京都渋谷区立広尾小学校
　　　　　　＊Chapter4　③3，6

資質・能力を育成する
小学校国語科授業づくりと学習評価

2021年11月初版第1刷刊　Ⓒ編著者　菊　　池　　英　　慈
　　　　　　　　　　　　　　　　　樺　　山　　敏　　郎
　　　　　　　　　　　　　　　　　折　　川　　　　司
　　　　　　　　　　　　　　　　　髙　　木　　展　　郎
　　　　　　　　　　発行者　藤　　原　　光　　政
　　　　　　　　　　発行所　明治図書出版株式会社
　　　　　　　　　　　　　　http://www.meijitosho.co.jp
　　　　　　　（企画）木山麻衣子（校正）丹治梨奈
　　　　　　　〒114-0023　　東京都北区滝野川7-46-1
　　　　　　　振替00160-5-151318　電話03(5907)6702
　　　　　　　　　　　ご注文窓口　電話03(5907)6668
＊検印省略　　　　　　組版所　株式会社アイデスク

Printed in Japan　　　　　　　ISBN978-4-18-323744-6
もれなくクーポンがもらえる！読者アンケートはこちらから
→